ACTES SUD - PAPIERS
Fondateur : Christian Dupeyron
Editorial : Claire David

Cette collection est éditée avec le soutien de la **SACD**
Société des
auteurs et
compositeurs
dramatiques
PARIS/BRUXELLES/MONTRÉAL

© LEMÉAC ÉDITEUR, 1992, 2000
Leméac Editeur remercie le Conseil des arts du Canada de l'aide accordée à son programme de publication, ainsi que la SODEC pour son soutien à l'édition.
ISBN 978-2-7609-2118-4
© ACTES SUD, 1992, 2000
pour la France, la Belgique et la Suisse
ISSN 0298-0592   ISBN 978-2-7427-2833-6

Cendres de cailloux

DE

CAILLOUX

Daniel Danis

Nouvelle édition

*Je donne mon texte à un arbre qui pousse
dans le milieu d'une rivière.*

à toi, Jeannine

Cendres de cailloux est la deuxième pièce de l'auteur. Elle a reçu le prix du Concours international de manuscrits du festival de Maubeuge (France), le prix du meilleur texte original lors de la soirée des Masques (Montréal) et le prix Tchicaya U Tam'Si, Radio France International. "Théâtre 92 (Texte et dramaturgie du monde)".

L'auteur tient à remercier chaleureusement l'équipe du Centre des auteurs dramatiques (CEAD) de Montréal pour tout le soutien dramaturgique qui lui fut offert.

SOMMAIRE

PERSONNAGES
par ordre d'entrée en scène

Shirley : trente-trois ans
Coco : vingt-neuf ans
Clermont : quarante ans
Pascale : dix-huit ans

Au début de l'histoire, le drame a déjà eu lieu.

Danse macabre

SHIRLEY.
On était en train de faire la peau
de la Thibodeau.
On avait piqué nos quatre fanals
sur des caisses de bières.
J'étais soûle.
On peut pas déterrer quelqu'un
même mort depuis seulement six jours
sans se soûler la gueule.
On tombait en transe
quand on faisait des affaires
qui sortaient du bon sens.

"Dansez, dansez les p'tits gars."

On était cinq
toujours les mêmes cinq.
Flagos, Dédé, Grenouille, moi
pis celui qui danse avec la chienne à Thibodeau :
Coco.

C'te maudite chienne de vache
a inventé une vacherie
à propos de Flagos pis de Coco.
Que c'est eux autres
qui avaient vendu de la drogue à son neveu.
Les chiens policiers
la descente dans l'appartement.
I ont trouvé un peu de coke
un peu de hasch.
Enquête, procès.

I ont reçu en pleine face
une amende pour possession.

Pour le reste
les p'tits gars i touchent pas à ça
la vente.
On en achète un peu.
On est ordinaires.
On aime mieux se taper des extra.
Comme la Thibodeau.
"Coco, colle-la pas trop, tu vas t'étouffer."

COCO.
Moi, je tenais la morte dans les bras
à peu près comme ça.
"Je lui chuchote des poèmes
pour rimer avec ses vers."

Rires.

SHIRLEY.
"Flagos, viens me coller."

Flagos est venu me r'trouver.

"Je te montre la moitié de mon sein, Flagos.
Regarde, c'est écrit : Macchabée.
Quand je fais l'amour
je mets un pansement dessus.
Personne aime coucher avec un macchabée.
Je te le montre, Flagos.
A soir, j'ai la gueule en feu.
Reste avec moi jusqu'au lever du soleil.

Mon père me l'a tatoué
à l'âge de trois ans.
Le lendemain
le père me donnait
une médaille de la Vierge
avec saint Joseph
de l'autre côté.
Une médaille frappée
dans du cuivre.

Flagos. Flagos, réponds-moi.
Flagos ! J'te crie. "

I répondait pas.
I était soûl mort.
De circonstance.

COCO.
Shirley ! T'as-tu vu ?
Y a de la lumière chez les Fiset.
I ont réussi à la vendre !
Sais-tu à qui ?
Ça doit faire au moins sept ans qu'est fermée
c'te maison-là.
Des étranges !

SHIRLEY.
Je regardais cette maison éclairée par en d'dans
au milieu de la nuit.
Je me disais :
Fuck le monde !

Un port d'attache

CLERMONT.
Il y a sept ans
j'avais trente-trois ans.
Perdre sa femme
perdre la tête.

Ma femme était morte en mai.
Ça faisait trois mois qu'on viraillait
ma fille Pascale et moi.
Tout un été à voir des beaux coins.
Rouler, manger, dormir.
Essayer de se distraire.

Pendant trois mois
je viraillais les mêmes images.
Je faisais le tour de ma vie avec Eléonore.

On pouvait pas tourner en rond indéfiniment.
Je me disais :
"Faut que l'hémorragie arrête
faut que Pascale retourne à l'école
faut que je m'installe.
Pas question de retourner à Montréal."

Le 18 août, je crampe les roues à droite
en descendant vers Saint-Raymond-de-Portneuf
près de Québec.
Ici, je revois les paysages verts
des étés de mon enfance.

Repartir à zéro
sur un terrain vierge.

L'après-midi même
on se promène dans la petite ville.
Vingt-trois mille habitants.

Dans un rang, à cinq minutes de la ville
A VENDRE
une maison
un terrain immense
avec une petite ferme et un garage.
Devant la maison
de l'autre côté de la route de gravelle
une rivière
la Rivière-aux-pierres.
Sur la boîte aux lettres
M. et Mme Lorenzo Fiset.

Au téléphone :
"J'aimerais visiter la maison et la terre des Fiset."
Le courtier est arrivé à la course.

On a fait le grand tour lentement.
"Les Fiset ont jamais eu d'enfant.
I sont au foyer des vieux", qu'il me raconte.
Il parlait trop, je ne parlais pas.

"Laissez-nous deux minutes", que je lui dis.

"Pascale, si je la retapais la maison
la ferme, la terre
t'aimerais-tu ça si on habitait ici ?"

Un sourire en forme de oui
sa bouche donnait du vent.

Je pleure jamais devant elle.
On a besoin de courage.

C'était la dernière fois
qu'on couchait dans une chambre de motel.
On a acheté la terre des Fiset.

On a été à Québec
acheter nos nouveaux meubles

avec quelques objets rares
trouvés dans les marchés aux puces.

Parés à entrer le 23 août.

Je me fais couler un bain.
A partir de demain on s'installe.
Je vais travailler sur cette terre
à me soûler de sueur.

Le jour qu'on a emménagé
c'était la fête de Pascale.
Onze ans.

Le jour de sa naissance, je pensais :
"Un poupon à protéger jusqu'à sa majorité
contre tous les dangers."
On se sent invulnérable.

Ce 23 août de ses onze ans, dans mon bain
je braille dans mes mains
pour pas réveiller ma fille.

Laver l'intérieur

PASCALE.
"Il y a tellement à faire sur la terre.
Tout est à refaire.
Reconstruire des murs
changer des poutres, des cadres
réparer les portes, les charnières
les vitres cassées
remettre des planches
recouvrir les toits.

Ça coule de partout
quand il pleut.
Retourner la terre.
Défricher le sol.
Nettoyer le dedans
déplier nos peines.
Semer de la pelouse
peinturer tout ce qui est à l'abandon.

Tout est à refaire.
Comme nous deux.
Il faut qu'on fasse ça, nous deux
se donner une deuxième peau."

C'est comme ça que mon père parlait
du temps où on est arrivés dans le rang
avec, devant la maison
un chemin de terre, pas d'asphalte
et derrière, des bâtiments en planches
peintes avec du sang de bœuf
qu'avait dit le vendeur.

Hier c'était ma fête, le 23 août.
Onze ans.

Ce matin, il m'a demandé
"Qu'est-ce que tu veux faire ?"

"Laver les vitres."

"D'accord, et ce soir on placera les meubles
ensemble."

A onze ans, j'ai pris mon courage à deux mains
pour laver les fenêtres encrassées
avec des guenilles qu'on avait déchirées
dans des vieilles serviettes de bain.
En lavant, je me disais :
Je me soigne par en dedans
je lave ma peine
je la nettoie.

Y avait tellement de choses à faire sur la ferme.
Je revois
la maison remplie de saleté
de poussière
avec une cave remplie de cailloux
pour finir l'affaire.

Je pensais avec des mots
des mots à casser des vitres
qui parlaient fort dans ma tête.
J'avais logé ma mère dans mon cœur.

La tête parlait au cœur
le cœur appelait la tête.
Deux téléphones qui dérougissaient pas.

Je lave, je rince les guenilles.
Je lave la fenêtre en haut du lavabo de cuisine.
Sale, sale.

Je veux voir mon père travailler dans la cour.
La vitre du dehors est trop sale.
Je sors.

Je monte sur un escabeau.
Je donne deux coups d'eau savonneuse.
Je me colle le nez à la fenêtre.
J'aperçois les lunettes de soleil de mon père
sur le meuble antique de bois verni.
Il les porte souvent
pour cacher ses gros yeux rouges.

J'étais avec Eléonore quand elle les a achetées.
On a beaucoup ri en les essayant
parce qu'on l'imitait
avec son air bougon.

Je téléphone au cœur.
Je veux parler à ma mère.
"Pourquoi c't'écœurant-là t'a fait ça ?
Pourquoi t'avoir fait du mal ?"

Comme si je la revoyais.
Enfant
je me collais sur elle
on entrait comme dans un lit
tout moelleux, tout chaud.
Ses bras, une couverture
ses seins, un oreiller.

Collée sur son ventre
j'écoutais les gargouillis.
On était bien ensemble.

Puis, à onze ans
plus de gargouillis
plus de couverture
plus de lit.

En lavant les fenêtres
je me racontais comme ça
la mort de maman.

Un homme dur est entré
dans le commerce de linge pour dames.
L'homme dur a fait du mal à la copine

qui travaillait avec ma mère.
L'homme dur a pris ma mère.
L'homme dur est monté sur son lit moelleux
parce qu'il voulait s'encouverter avec elle.
Elle, elle ne voulait pas.

Le lit était en chamaille.
L'homme dur est quand même resté sur le lit.
Il jouait avec ses oreillers de partout.
Après
le lit pleurait couché par terre
sur le plancher de bois verni.
L'homme dur qui avait la rage
avec son couteau a brisé le lit.
Déchiré tout le lit.

En ville
dans notre appartement
j'entendais passer les sirènes des pompiers
des policiers, des ambulanciers.

Quand on est arrivés ici
en campagne
j'ai eu peur du silence
je croyais devenir sourde.

Mon père me disait :
"Ici, dans la tranquillité
on va se faire une deuxième peau."

J'ai dix-huit ans.
En août dernier
mon père était là-bas
couché sur la pelouse verte.
Il pleurait, perdu.
Notre maison était en flammes.
Il venait de mettre le feu à notre maison
à sa deuxième peau.

Comme les cinq doigts de la main

COCO.
On était bien dans l'temps.
Quatre gars
cinq avec Shirley.
Les cinq bagues de ma main gauche.
Elle, dans le majeur
deux gars de chaque côté.
Moi dans le pouce, Grenouille au p'tit doigt
l'index pour Flagos
pis Dédé dans le dernier.

Ce que j'dis là
c'était avant l'enterrement
de vie de garçon.

Grenouille travaille dans une scierie
une vieille scierie
qui roule avec un moulin à eau
sur la Rivière-aux-pierres.
Une vraie bécosses en bois
pour faire des poutres de maison.
Si y avait pas eu son oncle i aurait fait dur.
Flagos se tue à planter des arbres.
Dédé travaille pour le ministère des Terres et Forêts
i se promène avec un gros *pick-up* jaune.
Moi, je travaille l'été dans
les fours à charbon de bois.

Avec le bois, les écorces des arbres
on bourre les fours.
On les rentre dans la gueule noire
on les fait brûler pendant deux jours.

On les sort en faisant de la purée de charbon noir.
C'est nous qui fournissons le pays en briquettes
pour faire cuire les viandes de porc
de bœuf, de poulet
avec un goût qui donne le cancer, i paraît.
Cancer partout
même dans la viande pas assez cuite.

On passe nos paies à boire, la fin de semaine.
Les quatre gars
on travaille l'été
pour se payer du chômage
l'hiver arrivé.
A l'automne
on monte dans le bois
pour la chasse à l'orignal.
On tue toujours
de la viande à saveur des bois.

A la saison des neiges
les quatre gars travaillent au noir.
On fait du déneigement.
Flagos s'occupe de la patinoire au bar des Sportifs
un refuge pour se virer les bottines.
On hiberne au bar des Sportifs
pis les autres saisons
on s'installe à l'hôtel Princesse.

Shirley gagne son pain
à l'endroit où la forêt est la plus raffinée.
A la bibliothèque de la ville !
A sûrement lu dans sa vie
deux forêts au complet.

J'vis dans mon p'tit deux et demie.
Les trois autres gars restent chez leurs parents.
Shirley, l'indépendante
vit dans son "espace vital".

L'Amazone sur un quatre-roues

SHIRLEY.
L'insolence.
Ça coule dans mes veines.
Comme une rivière sur une terre de colon.

J'étais allée me promener
dans le bois sur le quatre-roues de Coco.
C'est avant que j'rencontre ce gars-là.

Des sentiers de chasseurs
qui se rendent au bout du monde
disent les Indiens des terres perdues.

I faisait une chaleur à faire vomir les chiens.
J'voulais m'éventer l'esprit et le corps.
J'aurais voulu être une passoire.
De champ en champ
je me dirigeais vers les sentiers infinis.
Je suis entrée dans le sous-bois d'érables.
La fraîche.

Plus loin, près de la roche pleureuse
un ruisseau sort d'une fente du rocher
avec de chaque côté
des plants de framboises.
Le soleil divin
perce à travers le feuillage
et ça tourne
autour de la roche pleureuse.

J'avais arrêté mon cheval.

Une Amazone montée debout sur les étriers.

Toute ma peau se sent comme un arbre déesse.
La déesse des bois met un pied à terre.
Un tapis d'humus et de branches
se déroule jusqu'à la source.
Les oiseaux en bec de flûte s'époumonent
leurs chants se promènent avec le soleil.
Je me penche à la source
je bois de l'eau
avec mes mains chaudes et sales
d'avoir tenu si fort
les rênes de mon cheval monté sur des roues.

J'ai tellement chaud.
Le rocher me dit : "Etends-toi sur moi."
Je me couche dans le lit du ruisseau.
Ma peau frissonne
je me sens en vie et forte.

Je pense à moi, adolescente
quand je prenais mon bain.
Je m'écartais les jambes
je m'avançais le bassin sous le jet d'eau
les jambes accotées sur le mur
la tête dans l'eau montante
je me laissais caresser.
En sourdine
je me voyais submergée dans mon plaisir.
Le désir d'être vivante
le désir de me partager.

Je suis seule.
Pas d'inconnu dans le sentier éternel.
Je me taille une place sous le jet d'eau.
Je baisse mon pantalon mouillé
je laisse le rocher me prendre
me caresser.
Alors ma tête se raconte
qu'une Amazone se marie avec un rocher.
Un chant sort de ma gorge.
Un filon d'amour.

Je me relève, je mesure dix pieds.
J'entends des pas dans les bois.
Un ours vient dans le sentier.
Je comprends pas pourquoi
i a pas senti mon odeur plus tôt.

I me regarde. Je l'observe.
Je monte lentement sur mon cheval.
J'ai pas peur
je suis mariée au rocher.
Je relève mon chandail.
Quand l'ours voit le maudit mot
tatoué sur mon sein
i décampe.

Je possède un pouvoir
un pouvoir de destruction.

La tatouée d'insolence est mariée au rocher pleureur.

L'An zéro

PASCALE.
La première année dans son carnet rouge
il écrivait les choses à faire
durant le jour, la semaine, le mois, l'année.
Je l'ai souvent lu en cachette.
(Elle lit.)
"Recommencement. An zéro."

L'An zéro pour lui débutait un 1er septembre.

"4 octobre, An zéro.
Vétérinaire, agronome.
Plan d'aménagement de la terre.
Plan gestion des animaux.
Dîner poulet barbecue
salade aux deux choux.
Vider cave de cailloux."

Mon père avait fait venir
les spécialistes de Québec
pour le conseiller sur ses projets.
La semaine d'après
il allait acheter avec la vétérinaire
deux vaches qu'il avait fait inséminer
pour des veaux à l'été suivant.
Il avait loué une machine pour labourer
l'emplacement de l'ancien jardin
laissé à l'abandon.

Mon père avait la tête d'un bœuf
qui tirait une maison
avec une cave remplie de cailloux.

Partout dans son carnet
il parle de ce qu'il y a à faire.
Jamais de lui.

S'adressant à Clermont :

"Toi, tu me fais parler
tu m'écoutes quand je parle de moi
de nous deux.
Jamais tu veux me dire
comment tu vis ça
ta peine.
T'en parles pas.
C'est dur de vivre avec un père muet.
Tu parles seulement pour la routine
au jour le jour.
C'est plate."

Des fois je me disais :
Mon père est fou
ou il le devient.
Des fois, en train de travailler
il déraillait en parlant dans une langue inventée.
Il parlait à ses animaux dans cette langue-là.

Mon père était une bouteille cassée.

En me prenant entre ses bras
il m'avait dit dans sa langue des grands jours :
"Pascale, je veux pas parler.
Tout ce que j'ai à dire
je me le dis par en dedans.
Aie pas peur de moi
je suis pas fou.
Je me tue à l'ouvrage pour rester en vie.
Je t'aimerai toujours
je serai toujours avec toi.
Si t'as besoin de moi
tu me le dis tout de suite.
Tu seras toujours ma fille
la préférée de toutes mes filles."

C'est sûr, je suis sa fille unique.

Les photos de mes amis

COCO.
Ces photos-là
ces photos-là sont avec moi pour toujours
gardées sur moi.
Une mémoire de visages
que je traînerai pour le reste de l'éternité.

Ces photos-là
celles que je montre
les quatre photos
Grenouille, Shirley, Flagos, Dédé
des visages familiers
depuis la fin de mon secondaire
jusqu'à mes vingt-neuf ans d'aujourd'hui
des amis pour la vie.
Je les garde dans ma veste de cuir
dans une pochette contre mon cœur éteint.

Cailloux

CLERMONT.
J'ai acheté une maison
avec une cave remplie de cailloux.
Une montagne de roches dans ma maison.
Ou bien ils ont bâti la maison
sur un tas de cailloux
ou bien le couple Fiset l'a remplie
avec les roches qu'on ramasse
après le défrichage d'une terre.
Dans les deux cas, c'était étrange.
J'ai même pensé que les Fiset égrenaient
leur chapelet comme ça.

En tout cas, je peux dire
que pour les sortir
ç'a été un vrai calvaire.
Trois mois.
Six jours par semaine.
Un gros huit heures par jour
avec deux chaudières de métal.
Monte, descends, dans un escalier à pic.

Faut dire que j'ai pas été brillant.
J'aurais pu percer une porte
dans le solage.
Je l'ai fait, mais après.
Ils étaient tous sortis, les cailloux.
Il fallait que je le fasse, je suppose.
En plus, vingt dollars de trappes
pour la vermine.

J'ai fait une montagne de cailloux
près du chemin
pour mieux les tirer à la rivière, un à un.
C'était à la fin de l'An 1 et au début de l'An 2.

Côté cœur

SHIRLEY.
Trois semaines avant de rencontrer Clermont
j'étais allée voir ma sœur coiffeuse à Donnacona.
A me dit en berçant son bébé :
"Les choses arrivent quand tu veux
quand t'es prête à les vivre."

Avec son ancien, ça marchait plus.
A le savait.

A se disait :
"I faudrait que je change des choses
dans ma vie."

Changer.

Un gars qui se faisait couper les cheveux lui a dit :
"Je suis mal, mal dans ma peau
tout tourne de travers
jamais comme je veux."

Le soir même, i soupaient ensemble.
Deux semaines plus tard
a laissait son *chum*.
Un an après, i avaient leur bébé.
Toute cette histoire raccourcie
seulement pour me dire que ça peut m'arriver.

Je faisais semblant de dire :
"Moi ? Ça va, côté bonheur
côté plaisir, c'est pas mal !"

Je crevais d'envie de toucher au bonheur.
Un état tout partout pour te prendre
le cœur à virer la tête

au point d'être plus reconnaissable.
Mais dans ce temps-là
je crachais du feu
je crachais le sang de la terre.
"Toute cette rage passera un jour"
que je me disais.
I faudra bien
si je veux continuer de vivre.

Et quand je l'ai vu
avec sa fille au comptoir de prêts.
J'ai servi la petite
en regardant le gars derrière elle.
La fille avait à peu près onze ans.
Ça faisait pas longtemps qu'i avaient pris refuge
dans l'ancienne maison des Fiset.

Des yeux de loup.
Quelque chose au visage
une lointaine trace de vie
une trace de guerrier fatigué.
Un guerrier encore prêt à se défendre.

I parlait pas
i regardait nulle part
en tout cas personne, sauf sa fille.

Personne savait ce qu'i faisait avant.
Un inconnu.
J'aurais aimé avoir des yeux de louve.
I m'aurait reconnue.
Ses lèvres auraient bougé.
On aurait fini par se parler.
Par se conter fleurette.
Par se manger dans un champ.
Par dormir à la pleine lune.

Si ç'avait été un gars comme les autres
je l'aurais trollé, je sais y faire.
Mais lui, un guerrier.
Un guerrier dans sa posture

son allure, son regard.
Ça, j'savais pas.

Comme un mur épais autour de lui
une vraie forteresse avec au milieu
un loup.
On entre pas dans la vie d'un loup
avec des gros sabots.

Il se produisait en moi
une impression de déjà vu.

Quand il est parti
j'ai regardé ses fesses dans son pantalon sale.

Une impression de déjà vu.

Dans mes rêves peut-être.
Les films de mes rêves défilaient dans ma tête.
En repêcher un où je le verrais.
Tout à coup
comme prise par une attaque au cœur
mes jambes ont faibli
je suis tombée à genoux
derrière le comptoir.

Je venais de le revoir, lui
le caillou aux yeux de loup.

Avant de m'endormir, i m'arrive de le voir.
Ce gars-là, ça fait dix ans que je le connais.
I apparaît dans un brouillard
juste son visage.
Un visage sans cou, qui me sourit.

Longtemps, j'ai pensé que
c'était un gars
comme dans une autre vie.
Longtemps
j'ai pensé que c'était moi
version gars
ou encore

que c'était la partie gars en moi.
J'ai pas fait le lien tout de suite.
Maintenant
c'est clair comme de l'eau de roche.

Derrière le comptoir
le corps s'est relevé
sans que je le demande.
Partout sur mon corps
la chair de poule
les yeux dans l'eau.

Ce gars-là était dans ma peau.

Une forêt rasée

COCO.
T'entends :
même enfant
j'étais un homme mort.

Enfant, un animal enfant.
Dans mon crâne se promenait
un tout petit animal de ma grandeur
qui hurlait de faim.
C'est à partir du lait de ma mère
qu'i a commencé à grandir.
Adulte, un animal adulte.

Jeune, j'en avais parlé au grand-père
du rang des Mûres.
I m'a révélé un secret.

"Si tu vois cet animal en toi
faut l'apprivoiser.
Va à la chasse dans le bois des rêves.
Prends du petit gibier.
Ton animal saura trouver le chemin
pour aller manger ce que tu auras pris.
Mais, dès que tu pourras
faudra le tuer
parce que, si un jour
dans la forêt de tes rêves
y avait plus d'animaux
ou que le bois prenait en feu
et que ton animal était rendu gros et grand
il te mangera la cervelle d'abord
ton cerveau après.

Faudra le tuer
si tu ne veux pas crever de ses crocs."

Le grand-père avait raison.
J'aurais dû.
Ma forêt est rasée, brûlée.

L'an dernier, j'suis allé le voir, le grand-père.
"Qu'est-ce que je fais avec ?
Il est si gros, si grand."
"T'as voulu le garder parce qu'il te servait bien.
En plein jour, si tu manquais de courage
tu l'appelais et il venait.
Il te poussait dans les veines une bouffée de vapeur.
Les animaux en nous sont tous des rapides bouillants.
Faut faire avec, à c't'heure."

Tape, tape, mon cheval

Comptine à scander avec le bruit d'un galop de cheval sur les cuisses.

PASCALE.
"Tape, tape, mon cheval.
Tape, tape, mon cheval
pour sortir de Montréal."

CLERMONT.
Pendant tous les soirs
de l'An zéro.
Tous les soirs.
"Tape, tape, mon cheval.
Tape, tape, mon cheval
pour sortir de Montréal."

PASCALE.
Il me tapotait le dessous des pieds.
Je m'endormais très vite
comme quand j'étais bébé.

CLERMONT.
Tape tape mon cheval tape tape mon cheval pour partir…
Tape tape mon cheval tape tape mon cheval pour partir…

SHIRLEY.
Berceau de la Vierge, couronne de mariée
chèvrefeuille de Virginie, rosier, genévrier
physocarpe doré, prunier-cerisier
vigne blanche, couronne de mariée
cerisier des sables de Hansen
hybride, aubépine, cornouiller
cotonéastre, gadellier alpin, spirée

Porte de plante
ou arbuste
ou arbre

potentille, virgo, couronne de mariée
hydrangée, boule-de-neige, couronne de mariée
lilas, pin, épinette, érable
couronne de mariée, sabot de la Vierge.

Avoir ses premières fleurs

PASCALE *(lisant le carnet de Clermont).*
"7 avril, An zéro.
Sucre brun, poulet
viande hachée, légumes
fruit, pain, farine.
Bière, liqueur.
Brosse à dents.
Serviettes hygiéniques."

Ce 7 avril de l'An zéro
j'étais avec lui.
Un samedi matin
on avait parcouru ensemble l'épicerie.
On s'était arrêtés au moins vingt minutes
devant toutes les marques
de serviettes hygiéniques.
I avait dans sa tête
de m'en acheter une de chaque sorte.
"Pour essayer le confort"
qu'il me disait.

"Chut ! Pas si fort."
La gêne courait sur mes joues rouges.
Je sais pas pourquoi.

En tout cas.

Chez nous
en déballant les sacs d'épicerie :
"Tiens, si tu veux on peut en parler ensemble.
Si t'aimes mieux
tu pourrais aller voir une femme médecin."

On a parlé ensemble.
Pas beaucoup
parce qu'il parlait pas beaucoup.
Il fallait que je me dégêne
si je voulais en savoir plus.

"Combien on peut prendre de temps pour faire l'amour ?"
C'est lui qui devenait rouge.
Je sais pas pourquoi.
En tout cas, chacun son tour.

"Je sais pas, ça dépend des jeux d'amour.
Ça dépend
si c'est au début d'une rencontre d'amoureux
ou si c'est après cinq ans de vie de couple
ou si c'est de passage pour une nuit
ou si c'est juste le gars qui prend son plaisir.
Ça peut se passer entre deux minutes et deux jours."

Je me disais : Deux jours, *wow* !
on doit être fatigués.
Tomber de fatigue ou tomber en amour
c'est pareil.

Quand j'ai connu François, à quatorze ans
même si au début on se touchait
par en dessous de nos vêtements
ça durait au moins des heures, à s'embrasser.
A se labourer la bouche.
Nos petits plaisirs d'amour.
Pour le reste…

En tout cas.

"T'aimerais pas te trouver une femme, papa.
Une autre."

Il avait plus du tout le goût.

"Eléonore aimerait pas ça te voir comme ça.
Elle t'aimerait bien mieux heureux."

Il avait plus d'envie pour personne.
Il voulait entretenir sa peine
pour continuer à vivre avec elle
en images, en mots.

"Dans la vie, on dit pas assez souvent
à ceux qu'on aime qu'on les aime."

C'est avec ces mots-là
qu'on avait fini de parler
de mes nouvelles rougeurs.
Moi, je pensais
en rangeant les boîtes de tampons et de serviettes
que bientôt, j'allais avoir du sang
pour nourrir un bébé en dedans de moi
et lui, mon père
à se nourrir du sang d'Eléonore
parce qu'il reste en dedans de lui
dans une boîte à souvenirs.

Une oreille à l'écoute d'un caillou

SHIRLEY.
Mon oreille se collait à des réponses.

"Madame Fiset, connaissez-vous le monsieur
qui a acheté votre maison ?"

"Un gars de Montréal, qui en avait assez de vivre
par là. Avec sa p'tite fille de onze ans.
Fouille-moé, j'sais pas c'qui est arrivé de sa femme.
Divorce, tout probable."

Mon oreille se pressait d'entendre.

"A la rentrée des classes
quand i sont venus pour s'inscrire
c'est sa fille qui parlait.
Lui, i a pas dit un mot
mais i puait la sueur
laisse-moi te le dire"
que me racontait Myriam, la secrétaire de l'école.

Le professeur de Pascale, Mme Boulianne
une indiscrète, avait trop posé de questions.
Elle s'est fait replacer.
La petite lui avait dit :
"Mon père veut qu'on parle pas de ça.
Ça regarde personne."
Le lendemain, elle avait apporté une lettre
signée de son père :
"Votre tâche est d'enseigner et non d'interroger.
Mêlez-vous de vos oignons."

Mme Boulianne trouve
que les gens de la grande ville
c'est du bizarre de monde.

Je le savais que c'était pas un fou.

Mon oreille écoute encore.
Mme Huot, la ramancheuse
lui a déjà arrangé le dos.
Je l'avais vu y aller avec sa fille.

"Quand je l'ai tâté, j'ai compris que dans son dos
i avait du mal, un mal qui vient du cœur.
Son cœur est coincé entre des vertèbres.
J'ai dit à ce gars-là :
I faut soulager le cœur
enlever l'épine qui perce le cœur.

Après, i s'est rhabillé
a donné de l'argent comme i voulait.
I est reparti en s'essuyant les yeux.
Shirley, pourquoi que tu me poses
ces questions-là ?
On est curieuse ?"
"Merci, madame Huot."

Mon oreille se promène.

Au garage, à l'épicerie, au magasin écono
au restaurant Chez Mado
toujours la même chose
sans parler, i écrit ce qu'i veut
i paie et repart.

Ses voisins les plus proches :
"On l'a vu au moins trois fois tirer des roches
sur des canettes plantées sur des piquets
face à la rivière.
Au moins trois fois."

Fou.

La rumeur a fait le tour, un tireur de roches.
Caillou, c'est comme ça que les gens le surnomment.
Caillou parce qu'il en tire et
qu'il répond pas plus qu'une roche.

Fou.

Un Caillou aux yeux de loup.

Dans le carnet rouge

CLERMONT *(feuilletant son carnet rouge).*
Au début, j'avais peur de faire mal à mes vaches
quand je tirais sur leurs pis.
La vétérinaire avait ri de bon cœur
en me voyant les traire
avec délicatesse.
J'avais acheté du foin
de la moulée, à la coopérative de Saint-Basile.

L'été de l'An 2
j'avais refait ma toiture.
J'avais fait venir quelqu'un de Québec
pour m'aider à la retaper.
Je voulais jamais avoir affaire
aux gens de la place.
M'éviter de parler.
Pas d'écornifleux.

Plus je travaillais
plus je sentais que je devenais fort.
Du sang de bœuf dans les veines.
Pourtant, j'avais toujours mal au dos.

Durant l'hiver de l'An zéro
j'ai décapé une dizaine de vieux meubles.
Du garage
j'ai sorti le traîneau d'hiver des Fiset.
Je l'ai remisé dans la grange.
J'ai isolé le garage
pis placé un four à combustion lente.
Je trouvais le temps long quand même.

J'ai décidé d'acheter une petite terre à bois.
Aller bûcher l'hiver au temps doux.

Je voulais surtout me brûler de fatigue
pour dormir soûl
dur comme une souche.

Quand j'ai eu fini de vider la cave de ses cailloux
j'ai construit une chambre froide.
Avec le potager
on pourra remiser les récoltes de l'été.
C'était dans le mois de novembre
de l'An 1.

Un chien pas de médaille

COCO *(à Shirley)*.
Les gens veulent qu'on soit propres.
Faites attention à ceci, à cela.

On vit aseptisés.
Tout propres.
Ne pas faire de pollution
ni de bruit
ne rien jeter par terre
ni dans l'eau
ne pas... ne pas... ne pas.

Grenouille pis toi
vous vous êtes donné rendez-vous
vendredi après la soirée.
I aurait pu se la fermer.
Rien me dire.
Le grenouillage de Grenouille
pour m'étriver.
J'ai fait semblant
que ça me faisait rien.

Pis moi, vendredi soir, je me défonce.
J'vas me remplir de houblon.
Quand tu vas lever les pieds avec lui
j'vas aller me faire crisser une volée
par les deux hosties de motards de Sainte-Christine
en leur disant :
"Salut, les deux moumounes à roulettes."
I sont forts comme des turbines électriques
i vont m'ouvrir un œil
pis me casser la gueule en quatre.

Y a personne qui va venir à ma défense.
On aide pas les baveux.

Après, j'vas aller avec Dédé pis Flagos
dans le dépotoir municipal.
Un dépotoir à perte de vue.
Quand y a trop de déchets
I les enfouissent avec un *bulldozer*.
Vendredi soir, i va y en avoir en masse.

J'vas me mettre les deux pieds
dans les puanteurs de la ville morte.
Les gars vont braquer
leur lumière de char d'assaut sur moi
la musique à tue-tête va se mêler à l'air.

Avec la carabine
on va tirer des rats, des mouettes
des chats, des chiens.
Flagos va me crier
en dansant comme un Apache :
"Vas-y, Coco, deviens un monstre."

J'vas crier :
"Gulka !
Attaque !"
La gueule encore en sang
j'vas ramasser à pleines mains
des déchets en décomposition.
La gueule grande ouverte
Gulka va manger.

Déchaîné
Flagos va grimper sur son toit de char
et crier vers le ciel noir :
"Vas-y, Coco
mange les bactéries
mange les microbes
mange les virus
mange les gènes.
Mange tout ce qui est pourri."

Dédé va frapper sur le *bulldozer*
avec la barre à clou
sur les ordures, sur un chien mort
sur le char de Flagos.
Flagos va rire en pissant
sur le pare-brise.

J'vas manger, vomir.
J'vas continuer
manger, vomir
manger, vomir
manger, vomir.

Je mourrai pas.

Shirley !
J'suis pas tuable
j'suis comme un chien pas de médaille.

Le surlendemain, j'vas être mieux.

Un cœur coincé

SHIRLEY.
Moi, j'ai toujours été baveuse, frondeuse.
Mais là, j'étais plus certaine que c'était lui
que j'avais vu pendant dix ans
avant de m'endormir.
J'essaie de le faire venir dans ma tête.
Rien, il a disparu.

Parce que je voulais y revoir la face
un jour de la troisième année
je me suis rendue sur sa terre en quatre-roues.
Le quatre-roues à Coco.
En secret.

"Salut !"
Sans réponse.

I travaillait à cogner dans la grange.
I est descendu de l'échelle
le marteau dans la main
des clous serrés entre ses dents de loup.

Maudit que j'me haïssais !
J'ai toujours eu une langue pointue.
D'habitude, quand c'est l'heure de parler
j'suis là.
Mais là, trop pognée.
Mon cœur en cloche se démenait.

"Je viens pour les livres de la bibliothèque.
Pascale est en retard de deux jours."
Sans réponse.

Clermont est sorti de la grange.
Pascale, qui m'avait entendue, est arrivée.
Elle s'est approchée sur un signe de son père.

"Je suis venue pour tes livres de la bibliothèque.
C't un nouveau service dans les rangs.
Je peux te les renouveler."

"J'ai pas pris de livres la semaine passée
mon père m'en avait acheté
quand il est allé à Donnacona."

J'me cherchais de l'ouvrage.

"Ah, c'est-tu niaiseux, on a dû oublier de l'inscrire."

Je fouillais dans le cardex
que j'avais emprunté en cachette.
"Ben oui, quelqu'un a dû faire une erreur."

"Ça avance pas mal, les travaux ?
Les Fiset s'occupaient plus de leur ferme.
Des gens âgés, hein !"

Son dos nu bougeait les muscles qu'i fallait
pour avancer jusqu'au bâtiment
parce qu'i écoutait plus ce que je disais.
Un loup sauvage
pis moi, une dinde.
Se casser les dents de même
faut le faire.

Je suis rentrée bredouille.

La rencontre manquée

PASCALE.
Shirley, la fille de la biblio, en ville
me posait toujours des questions.
Elle voulait savoir qu'est-ce qu'il faisait
à quoi il pensait, à quoi il jouait
quand il lance ses gros cailloux dans la rivière.

Au début
je la trouvais drôle.
Elle pensait que je ne voyais pas
son petit manège
dans ses yeux brillants.

"Ton père, c'est pas un fou
ça se voit dans ses yeux."
Elle me disait aussi
qu'il avait des yeux de loup
avec une belle gueule.

En tout cas.

Chaque semaine
elle m'attaquait de questions.
Tout ce que je disais
c'est ce qu'il faisait
les réparations, les animaux.

Je lui parlais de tout, mais jamais de lui
de ce qu'il pensait ni de ce qu'il était.
Ni de ma mère, ni du passé.

"Tu sais, celle qui est venue une fois en quatre-roues
pour mes livres en retard."

SHIRLEY.
Je me disais, c'est par sa fille
qu'i faut que je passe.

A ton père, j'y ferais un strip-tease
je me roulerais dans la terre de son jardin
je cacherais mon sein tatoué
avec douze couches de fond de teint
pour pas l'apeurer.

Je le voulais dans mon lit
tout partout en moi.

Je le voulais.

On demande pas ça à une femme
pourquoi a veut celui-ci plutôt qu'un autre.
C'te gars-là i était dans ma peau
je le sentais.

I aurait pas dû me faire ça.

Si j'avais été normale
pas attirée par lui
i aurait reçu mon bock de bière
en pleine face.

Je l'ai déjà fait à un gars malpoli.
J'y avais cassé le nez pis ouvert la joue.
Une chance que les p'tits gars m'ont arrêtée
j'l'aurais tué.

Mais lui, Caillou, c'était impossible
tellement que ça se pouvait pas
qu'i vienne vers moi.

Quand je l'ai vu entrer
j'me suis dit, comme une petite fille
mon prince arrive
i va me prendre
pour me sauver de c'te chienne d'ennui
des vendredis, des samedis.

C'te chienne d'ennui
des dimanches de mort
des lundis de boulot endormant
des mardis de blanquette aux œufs
des mercredis de programmes plates
des jeudis de paie
des vendredis de soûlerie
des mois d'ennui, de chienne d'ennui.

J'me souviens pas de ce qu'i a dit
juste le ton sur lequel i m'a parlé.
Je pensais que la terre allait me manger tout rond
en laissant dans mon bock de bière
mon cœur ouvert sur la table écaillée.

Pauvre nouille, pauvre salope de conne.
On pense être toujours forte
pis y a toujours une hostie de crotte
qui nous fait plier en deux.

Pendant deux heures de temps
j'ai pas bougé une miette.
Un oiseau sur une branche.

Je chantais :
"Tu l'auras voulu
tu m'auras cherchée, tu m'auras trouvée.
Tu l'auras voulu
tu m'auras cherchée, tu m'auras trouvée."

Les gars me comprenaient pas.
Quand on est partis, j'ai crié dans le bar :
"Un jour, j'vas y faire payer.
Caillou va avoir un chien de ma chienne."
Une promesse devant les gars.

"Macchabée va visiter Caillou", criait Coco.
Un serment solennel.
Un pacte avec la mort des vendredis soir.

Je l'ai tenu mon crisse de pacte.
Se saigner à blanc pour tenir parole
tout d'un bloc.

CLERMONT.
Je l'avais déjà vue.
Entre autres, une fois en ville
à la bibliothèque.
J'y étais allé tout seul
me chercher des livres.
Elle était venue me trouver.
"J'peux te suggérer de la lecture.
J'ai presque tout lu c'qu'y a ici."

Elle avait sorti une dizaine de livres des rayons.
Différents genres.
Elle les connaissait sur le bout des doigts.
Elle m'en faisait des résumés en cinq lignes.

Après son baratin, j'ai poussé le mot : "Jardinage."
"Jardinage ? Ah, des livres sur le jardinage."
Elle m'en a sorti trois en deux secondes.

J'avais pas parlé plus.

Quand je suis entré à l'hôtel Princesse
dans leur brouhaha de racontage de semaine
je l'ai cherchée des yeux
dans le coin des buveurs aux tables.

"C'est toi, Shirley ?"

Un de ses *chums* se lève à hauteur d'homme.

"Pogne pas les nerfs, Coco"
que lui dit Shirley d'une voix raide.
Coco s'est rassis.

Je la pointe du doigt.
"R'garde-moi ben dans les yeux.
J'pense pas que tu travailles pour la G. R. C.
c'est pour ça que je veux
que tu sacres patience à Pascale.
Ce qu'on fait de notre vie, ça te regarde pas.
Pis remets plus les pieds sur ma terre.
O. K., l'agace-pissette.
C'est-tu assez clair ?"

En repartant, je leur faisais dos jusqu'à la porte.
Je pensais me retrouver un poignard entre les côtes.
Des gars au bar ont lancé de leur gueule poilue :
"*Wow !* Shirley. Laisse-toi pas faire.
Casses-y la gueule.
Caillou a r'trouvé sa langue
i va se la faire couper."

Je portais plus sur mes jambes.
Ç'a pris trois coups de clé
et j'ai failli noyer le moteur.

PASCALE.
J'aurais jamais dû lui dire
à propos de Shirley.
J'aurais dû continuer à répondre à ses questions
pas plus.

Je lui ai dit :
"Tu sais la fille à la bibliothèque
Elle est tellement curieuse de nous.
De toi surtout.
Elle veut tout savoir de toi."

Quand je lui ai annoncé que ça faisait deux ans
qu'elle me questionnait
il a pogné les nerfs.
Il est parti le soir même vers la ville.

J'étais gênée, le mois d'après
quand je suis allée emprunter des livres.

Je lui avais dit, après l'affaire de l'hôtel :
"Tu trouves pas qu'est quand même belle
pis en plus, 'est drôle avec ses cheveux.
Je la trouve aussi appétissante qu'Eléonore."

Il a fait une crise de cassage
lancé de toutes ses forces
sur le plancher de bois verni
les deux assiettes pleines qu'on allait manger.

Il criait :
"Arrête de voir ta mère dans toutes les femmes

ta mère est morte
les autres sont vivantes
y a pas de comparaison possible."

Moi, je me disais :
Il se dit ça à lui.

Ses deux jambes ont plié en deux
il s'est assis dans le bœuf aux légumes
en pleurant.

Moi, je lui fredonnais une berceuse
qu'Eléonore me chantait.
C'est rare que mon père pleure devant moi
il le fait en suant au travail.
C'est sa façon de faire sortir
toute l'eau de sa peine.

Dormir, la tête dans la nature

SHIRLEY.
J'retourne voir ma sœur à Donnacona.

"C'est quoi la couleur la plus laide qu'on peut
se mettre dans les cheveux ?"

"Jaune canari, c'est pas terrible.
Mauve, on peut pas dire que ça donne du teint.
Mais la pire, vraiment la couleur la plus laide
c'est le vert."

"Tu vas me teindre en vert."

A l'a fait.
Vert pété.
Etre la plus laide en ville
comme ça je comprendrai pourquoi
y a pas un gars intéressant
qui se présente dans ma face.
Un gars que j'aimerais assez
pour qu'i me fasse un p'tit.
Flagos m'avait dit :
"J'vas t'en faire un, pis tu l'élèveras tout seule."

Fuck, Flagos.

CLERMONT.
Pour ses quatorze ans
on monte dans des chambres séparées.
On avait couché trois années
dans la même chambre, celle du bas.
Ça évitait les cauchemars.

La chambre du bas
celle du couple Fiset

on l'a changée en bureau d'étude et de lecture.
Chacun notre secrétaire dans la même pièce.
Pascale a décidé des couleurs
à peindre dans nos chambres.
La sienne en lilas
avec des fleurs jaunes et roses
peintes à la main.
La mienne, en vert menthe
avec un petit arbre
chargé de fruits dessinés
en forme de cœur.
Ma fille était contente d'elle.

La poussière éternelle

SHIRLEY.
Sur le quatre-roues
je me promène
avec une tête d'épinette
à faire tourner la tête aux aveugles.
Je suis passée exprès dans le rang de Caillou.
I a relevé la tête une seule fois.
La première.
J'ai repassé quarante-neuf fois de trop.

En m'en retournant
un camion rempli à ras bord de pitounes
passe en sens inverse.

Une poussière épaisse de sable m'encercle.
Je fige.
Le quatre-roues s'arrête tout seul
un réflexe de mes mains.
Mme Huot est là
plantée en face de moi dans la poussière :
"Fais confiance à ton instinct, ma p'tite
c'est avec ça que les femmes ont fait le monde
c'est avec ça que tu vas le soulager.
Rentre dedans, dans ce gars-là.
Va jusqu'au lit de son corps.
Au fond, tu trouveras une montagne de cailloux.
C'est là que tu verras son cœur
sous une grosse pierre.
Tu la soulèveras pour le décoincer.
C't'homme-là, c'est le tien.
Fais confiance à ton instinct, ma p'tite."

La poussière se déplaçait dans le champ.
Par réflexe
le corps a remis en route le quatre-roues
jusque chez Coco.

COCO.
"Shirley !
Ça fait quatre heures que je t'attends.
D'où t'arrives ?"

SHIRLEY.
"Me promener."

COCO.
"T'es allée montrer ta tête à l'autre bout du monde."

SHIRLEY.
"Oui crisse ! j'ai pas l'droit ?"

COCO.
"Enerve-toi pas.
T'as-tu su pour Mme Huot ?"

SHIRLEY.
Ma respiration est restée bloquée.

COCO.
"Mme Huot vient de mourir.
T'oublieras pas de faire le plein."

(Un temps. Il se parle.)
Ces photos-là
ces photos-là sur moi
on me les a données
pour toujours.

Le talisman

COCO.
Shirley !

SHIRLEY.
L'autre fois, je suis passée voir M. Huot.
Lui rendre visite.

"Vous devez avoir de la peine."
I m'a dit :
"C'est bizarre, mais presque pas.
J'me dis : J'en ai plus pour longtemps.
J'vas aller la rejoindre
est juste partie en voyage avant moi."

On a bu du thé.
I m'a offert de lire dans ma tasse.
On a commencé par le passé.

I est fort le bonhomme.
I a même vu qu'un homme
m'avait tatoué un mot sur le corps
quand j'étais très jeune.
Un mot de mort.
Que le tatoueur m'avait donné un cadeau
le lendemain.

Je me suis mise à brailler.
I m'a pris une main.
I la tapotait
pour me consoler.

Je lui ai montré le cadeau.
Je la traîne toujours
avec ma monnaie.

Une médaille de la Vierge
avec saint Joseph en arrière.

J'ai déjà essayé de la perdre
je la retrouvais toujours.

Une médaille frappée dans le cuivre.

M. Huot m'a montré
d'autres médailles du même genre.
Sa femme les utilisait pour guérir.
A cause du cuivre.

Une fois collée sur la peau
avec un diachylon
à l'endroit du mal
la médaille dégage une sorte d'énergie
qui passe par le cuivre
qu'i me disait.

J'ai pas voulu qu'i me parle de mon avenir.
J'ai trop eu peur qu'i voie rien.
Je suis repartie.

Ma médaille peut avoir un pouvoir.

Je pensais à un talisman.
Je revoyais Mme Huot dans la poussière.

Une médaille de cuivre pour guérir.

COCO.
Shirley !

SHIRLEY.
Je suis allée en pleine nuit
avec un fanal
déposer le talisman pour Caillou.

Le lendemain, j'ai envoyé une lettre.

"Bonjour, Clermont.

Trouve un arbre avec une marque rouge
dans le champ voisin de chez vous.

Tu verras une médaille de cuivre
dans le fond d'une ancienne pinte de lait en verre.
Colle-la dans ton dos
proche du mal."

COCO.
Shirley !
C'est pour quand le chien de ta chienne à Caillou ?
Parole-donnée-geste-attendu.

SHIRLEY.
J'ai signé la lettre
que je lui ai envoyée le lendemain.

Un grand cri de désir

COCO.
Shirley est pas pareille
aux autres, j'dis.
Avec elle on se sent fort.
Des monstres.
A l'a quelque chose en elle.
Peut-être un animal femelle.

On est tous avec elle.
N'importe où, n'importe quand.
A nous appelle "les p'tits gars".
On a déjà fait la fête à un fermier
qui arrêtait pas de l'achaler.
Quand i la voyait, i perdait les pédales
les quatre fers en l'air.
La dernière chose qu'i lui avait dite :
"Tu dois pas avoir froid aux yeux, toi
on pourrait aller faire un tour
dans l'rang des Bobettes."

Une proposition de trop.
Un rang pour se défoncer
avec un inconnu dans un char.

Un motel à ciel ouvert.
Une intimité collective !

Y a au moins deux pouces de caoutchouc
dans ce coin-là.
A chaque année
on se dit que les érables, que les sapins
vont se changer en arbres à condoms.

Flagos dit qu'un jour
Saint-Raymond va faire grossir le pays
que des bébés vont pousser à même le sol
pis qu'on pourra aller en chercher
comme on en veut.

Des p'tits bâtards qui vont pousser à la face du soleil.
Les plus beaux bâtards du monde
faits de rage et d'ennui.

Gérald Maillot, l'achalant
avait qu'à pas insister.
I se trompait à son sujet.
Shirley, c'est pas un trou
c'est un volcan.
Le fermier a vu l'ours.

SHIRLEY.
Aiguisez les couteaux de boucherie.
On va se chercher un steak
sur une vache à Maillot.

COCO.
On riait.
En arrivant
on se pousse dans le fond de sa terre.
On était comme quand
on a dansé avec la Thibodeau
dans une sorte de transe.
C'est ce qu'on aime le plus.

Ce soir
on va être au septième ciel
dans une transe
une transcanadienne *fuckée*
pour montrer à la face du monde
qu'on peut être des dieux.

On arrive à jeun
on attache la vache
à un pieu piqué dans la terre.

On en plante plusieurs
comme quand on monte une tente de cirque.
Un cercle de piquets
une vache à l'intérieur
avec plein de cordes autour
pour plus qu'a bouge.

Debout devant les possédés
la vache nous regarde boire et fumer.
Quatre fanals autour
pis on se décrisse du monde entier.

On déguise la vache en pot de peinture.
Des restants de peinture.
Les terres sont grandes
les vaches sont loin de la ferme.
On peut beugler.
On sort toutes les bêtises du monde
qu'on vomit sur la vache.

Après, on la pique de coups de couteau, comme ça.
La grosse masse de fer
pour frapper des coups de masse, comme ça.
En plein front, en pleine nuit.

Au nom de la haine qui se propage
comme une tornade sur la terre.
Meurs pour nous, vache.
Meurs pour eux
meurs.

Il fredonne l'air de la Vache à Maillot.

Elle est morte, la vache à Maillot
elle est morte, sans queue ni tête.
Elle est morte, la vache à Maillot
elle est morte, sans cœur ni fête.

'Est tombée comme une mouche.
Les quatre fers en l'air.

La vie est un cirque à ciel ouvert.

Après, on l'a dépecée.
Le sang.
La viande molle
comme un condom rempli de sang.

Shirley a piqué dans le crâne de la vache un écriteau :
"Ta vache, Maillot, est allée au rang des Bobettes
sans toi.
Sa nuit d'amour
au rang des Bobettes
l'a achevée.
Vraiment l'amour nous tuera tous.
Bons baisers de la prêtresse."

Quand on est partis
on filait la langue à terre.
Une fête, ça épuise mais ça nous épure.
Shirley se couche toujours
face contre terre
avant de quitter les lieux de nos déboires.
Comme une papesse.

A parle à la terre.
Nous, on l'attend.
On regarde le soleil se lever.

"Dépêche, Shirley
le monde se réveille à c't'heure-là.
Viens, on va se coucher."

Elle parle à la terre, Shirley.
C'est la fille la plus étrange
la plus sautée de toute ma vie.
J'ai jamais compris pourquoi elle me veut pas.

On est quatre gars qui tournent autour d'elle
parce qu'on se sent moins perdus de même.

Le visage du cuivre

CLERMONT.
Je suis allé en ville
déposer une lettre chez Shirley.

"Shirley
Je t'écris un petit mot : merci.
Clermont."

J'ai rien mis d'autre.
Je voulais pas qu'elle s'imagine des affaires.

Depuis que je colle sa médaille
dans mon dos
sur ma peau
j'ai moins mal.
Je vois toujours son visage
pas celui de la Vierge.
Toujours son visage, à elle.

Un territoire privé

COCO.
Je suis passé chez toi.
J'ai regardé ton courrier.

SHIRLEY.
A cause !

COCO.
Je l'ai remise à sa place.
Y avait une enveloppe pas de timbre
pas cachetée.
"A Shirley, la bibliothécaire."

Un petit merci de Clermont ?
A cause, hein !

SHIRLEY.
Parce que.

COCO.
A cause ?

SHIRLEY.
Parce que !
Pour un livre de jardinage, une fois.

COCO.
Le monde écrit pour te r'mercier de tes services ?
C'est nouveau, ça ?

SHIRLEY.
Wow ! Coco !
J't'ai déjà dit que ma boîte aux lettres
c'est un territoire privé.

T'aimerais ça me contrôler
comme ta télé, hein !
A cause !

COCO.
Parce que.
Parce que !

Oublie pas :
"Macchabée va visiter Caillou."

Jardin d'odeurs

SHIRLEY.
Avoir une serre.
Faire pousser des fleurs.
Le commerce des odeurs.
Quand j'étais adolescente
j'ai travaillé dans une pépinière
par après, dans la serre des Plamondon.
Un travail d'été.

C'est là que j'ai commencé à penser
avoir une terre pour y mettre une serre.
J'aurais pu travailler longtemps
dans la serre des Plamondon
sauf que leurs enfants ont grandi.
I ont pris ma place.
Mais, à chaque année, c'est moi
qui fais la rocaille de ma tante Madeleine.

Dans mon petit appartement
je me suis fait une serre miniature.
Une serre de cactus.
Y en a un qui est rendu gros comme ça.
Je l'ai placé devant ma fenêtre.

J'haïs

COCO.
J'ai haï mon père buveur.
J'haïs l'monde qui me fait la morale.
J'haïs attendre pour passer à un guichet de banque
à voir tout le monde
promener son petit trésor de dettes
dette de maison
dette de char
dette de ski-doo
dette de voyage dans le Sud
dette d'hypothèque pour leur ferme.

J'haïs me faire à manger tout seul
j'haïs me faire regarder.

J'ai de la haine pour un pays
qui en finit plus
d'être jamais un pays.
Je nous souhaite de crever
avec sept tours de langue
dans la gorge.
De s'étouffer avec notre langue.

J'nous haïs aussi, notre p'tite gang.
J'haïs Shirley qui m'veut pas.
J'haïs baiser avec
parce qu'a baise avec les autres aussi.
J'haïs ma face quand je me rase.

J'haïs la ferme, la terre, les enfants.
J'haïs ma mère.

Rires.

Shirley, je l'aime.
La seule.
Mais c'est trop compliqué.
J'm'en rends compte maintenant
a veut trop de choses
que moi j'veux pas.
Ça reste quand même
ma meilleure chum de la gang
la plus liturgique.

On a appris à vivre comme ça.
Ensemble.
Mais la chose qui me décrisse le plus
c'est quand a couche avec les autres.
Au moins, a l'aurait pu garder ça juste avec moi
d'un coup que ça m'aurait changé.
Pour me donner le goût à quelque chose.

Une flamme, ça s'allume.

Un cœur vierge

PASCALE.
Je parle souvent de ma mère avec François.
C'est le seul à qui j'en ai parlé depuis sa mort.

Je venais d'avoir mes quatorze ans.

Je l'ai connu à la Fête de la forêt.
Par ici, la forêt donne à manger
à presque tous les alentours.

Il y a des danses, de l'accordéon.
On tape des pieds, des mains.
Très quétaine, mais ça nous amuse.

Les seules fois où mon père se mêle au monde
c'est là.
Il se comporte quand même en sauvage.
Il ne parle à personne.
Il prend un coup en regardant les sets carrés
que le monde danse sur la petite estrade
plantée au milieu du champ
en arrière de l'aréna.
Quand quelqu'un lui parle
il se sauve de la table.

Ce soir-là, François m'a montré à danser
à manger des épis de blé d'Inde en éclatant de rire.
On arrêtait pas de parler
pour retenir la soirée qui finissait.

Six jours plus tard.
Je le savais.
J'étais amoureuse.

A l'école
on s'est revus

on s'est embrassés
entre deux rangées de casiers.

Après, on s'est plus lâchés d'une semelle.
Je suis entrée dans sa vie.
Il est venu dans la mienne
chaussé en amoureux.

Durant l'hiver
on changeait de maison
pour des soirées d'embrassades.
On disait qu'on se voyait pour les devoirs.
On mouillait nos bouches.

Durant l'hiver de mes quinze ans.
On veut le faire.
Faire l'amour
proche proche.
J'ai peur
peur de me faire mal.
Je pense à ma mère.

J'ai peur
mais moi, je veux.
On se place sous les couvertures.
Il me caresse longtemps.
Je le caresse aussi.
Il pointe son sexe
entre mes jambes
il essaie d'entrer.
Ça me fait trop mal.

Disons que j'avais plus de peur que de mal.
A chaque fois.

COCO.
J'sais pas si Caillou est au courant
Pascale est venue avec son *chum* au bar.
'Est encore jeune, la p'tite roche.
En plus, a l'a de collé dans la face
le genre pas déniaisé.

Shirley est venue me dire :
"Touche-la pas avec tes pattes sales."

Ç'avait l'air à l'énerver
que je la fasse rire.
"Comme quand je t'ai connue, Shirley"
que je lui ai dit à l'oreille.

Ç'a été facile avec Pascale.
Lui dire des affaires
pour qu'elle soit gênée un peu.
J'adore troller.
Je me sentais en forme.

Son p'tit *chum* a rien vu.
Occupé à jouer au billard.

Un jour, j'vas l'avoir par la bande.

Après qu'i soient partis
Shirley m'a redit :
"Touche-la pas avec tes pattes sales."
"A chacun sa vie, ma belle Shirley !"

PASCALE.
Je sais pas pourquoi
je m'étais laissé conter
toutes les niaiseries de ce gars-là.

Je l'avais vu venir avec ses gros sabots.
En tout cas
une soirée quétaine.

François avait qu'à pas me laisser toute seule
à siroter mon Bloody Mary autour des tables vertes.
Il se sauve toujours de moi
depuis quelque temps.

L'autre jour
à la fin de l'école, il m'a dit :
"Je fous le camp dans les cadets de l'armée."
Un prétexte.
Ce qu'il voulait vraiment
c'était frayer avec une autre fille.
Une fille du village d'à côté.
Je les ai vus ensemble.

Cette fille-là, a marche.
Je le sais, on a toutes nos réputations.
Moi, j'avais peur.
Disons que j'avais plus de peur que de mal.

Je lui avais pas donné ce qu'il voulait.
J'ai passé l'été à regarder les nuages.

Ce soir, après la Fête de la forêt
je vais partir coucher avec un n'importe qui.

Coco a écœuré mon père.
Je suis allée l'engueuler.
En plein milieu
je me suis calmée
je l'ai regardé
je l'ai embrassé
je suis partie avec lui.

Baiser, dans une tente
comme pour gaspiller la première fois.
A lui, je lui ai jamais parlé de ma mère.

Un secret d'Amazone

SHIRLEY.
Je parlais jamais de lui aux p'tits gars.
Une vie secrète qui se passait toute seule, en moi.
Faire semblant avec eux autres qu'i m'intéressait pas.

I faisaient des farces sur son compte.
Je riais.
Les gars avaient essayé de l'écœurer
à la Fête de la forêt :
"Caillou, viens danser. Envoye, Shirley, fais-le danser.
Envoye, fais-le parler."

I était venu avec sa fille, comme à chaque année.
Les seules fois où i se mêlait aux autres.

Mes lèvres chuchotaient :
"Les p'tits gars, laissez-le tranquille."

"Ben non, i veut s'amuser."

Flagos est là qui enlève son chandail
se le met sur la tête en forme de perruque :
"Salut, tu me reconnais pas, j'sus ta femme."

Les gars se mettent à rire.

"Viens avec moé danser un set carré."

"Arrête, Flagos, arrête" que je gueulais.

Caillou était seul à sa table
i buvait comme un bœuf en regardant ailleurs.

J'pensais qu'i allait exploser
qu'i allait parler.

Caillou a pris une roche.
Flagos l'a reçue en plein dans l'entre-jambes.
Les gars voulaient lui sauter dessus.
Je leur ai crié :
"O. K., les p'tits gars, ça va être pour une autre fois.
On ramasse nos p'tits pis on décampe."

Si j'avais pas été là
i en auraient fait du pâté à chien.
Je les connais
pas des tueurs mais des bons cogneurs.

J'ai voulu encore calmer les esprits :
"Oui les p'tits gars, l'été prochain
i va avoir un chien de ma chienne !
On va le faire baver !"

Coco s'est fait accrocher par Pascale.
On l'a pas revu de la nuit.
A chacun sa vie !

Une forêt en mille morceaux

CLERMONT.
J'aurais aimé mieux penser à autre chose.
Avoir du plaisir avec le monde
durant la Fête de la forêt.

J'avais pris trop de bières
trop vite.

On arrête pas les souvenirs.
Même six ans après.
Assis dans un coin
je me suis mis à revoir
la mort d'Eléonore.

J'étais allé pour la saluer.

La police venait d'arriver.
Les ambulances aussi.

Je suis entré dans le magasin.
J'ai vu Eléonore par terre
toute blanche dans son sang.

Un policier m'a demandé de sortir.
Il voulait pas de senteux.

J'ai avancé pareil.
Le visage déformé.
"Es-tu morte ?
Es-tu morte ?"

Un autre policier est venu vers moi :
"Oui, mon pauvre monsieur."

Après
je suis monté dans la voiture d'un policier

qui a voulu me reconduire chez nous.
Incapable de conduire.

Il m'a demandé :
"Comment vous vous appelez ?"

Mon nom est tombé en mille morceaux.

A la Fête de la forêt
j'ai failli me battre.
Je cherchais des yeux ma fille.
J'avais trop bu.
Je voyais plus rien que des souvenirs.

Le mystère de la joie

COCO.
J'ai déjà pensé
qu'on vit notre vie
comme un poisson.
Tu viens au monde
tu meurs dans une assiette
personne en parle.
Sinon pour dire
que c'était un bon poisson.

Je pense qu'on apparaît sur la terre
que pour une ou deux choses.
Le reste, du remplissage.

Moi, je suis venu au monde
pour voir fondre la neige.
A chaque mois d'avril
je me rends au camping du domaine des Chutes
où j'ai un beau point de vue
sur la Rivière-aux-pierres.

Je m'assis sur une table à pique-nique
je place mes pieds sur le banc
comme ça, je reste au-dessus de la neige.
Je sors ma guitare de son caisson
pis mes gants que j'ai percés exprès.
La brise est encore fraîche.
Je suis jamais venu avec personne ici.

Je joue des airs connus
pendant un bout.
Après, je chante n'importe quoi
n'importe quoi qui parle de joie.

C'est le seul moment
où rien n'est mort
où rien n'est triste.

La lumière.
A la lumière du printemps
je redeviens presque enfant.
Je suis venu sur la terre pour voir fondre
la neige dans la joie.

Le coup de foudre
c'est pas un mystère.
L'au-delà de la mort
c'est pas un mystère.

La joie !

Le plus beau des mystères.
La joie ! La joie !

On est pas éternels

SHIRLEY.
Je leur fais un cadeau
quand je suis avec eux autres.
Je sais que je leur fais du bien.
I me trouvent folle.
J'occupe leur vie.

Je pense souvent à
ce qu'on est
ce qu'on était
ce qu'on deviendra.

J'aurais aimé ça vivre autre chose.
J'ai dit à Coco :
"On va s'ouvrir une terre
comme on se part un commerce
on va vivre dessus.
Un coin qu'on arrangerait."

I veut se faire bâtir en ville.

"T'as pas de génie, Coco."
I a peur de son ombre.
J'connais les gars, je les sens.
I sont jamais prêts pour rien
juste pour faire les caves.

"On est pas éternels, Coco."

On s'est jamais mariés.

Lui, i voulait
parce que ça le fatiguait que je couche
avec les autres gars de la gang.
"Des amis du secondaire, Coco."

COCO.
Shirley est venue me frictionner.
Un torticolis.
Avec du baume de tigre fait à Singapour
pour un carcajou du Québec.

Y avait des milliers de carcajous
au début de la colonisation.
C'est une bête avec un cri terrifiant.
Un blaireau dévastateur.

Les colons les ont chassés
à coups de fusil.
Maintenant les carcajous se sont réfugiés
dans le Grand Nord.

Je voulais lui parler aussi.
Joindre l'utile à l'agréable.

Hier, les gars au bar
i ont parlé de toi.
Y en a qui m'ont demandé :
"Shirley est pas pressée
de régler le cas de Caillou."
Tu l'as criée dans le bar.
Une parole en l'air
qui est pas partie au vent.

T'as dû voir le graffiti
dans les toilettes des filles ?
Je suis allé le regarder hier.
Dodo, la gérante, l'a écrit
le soir de ton serment :
"Un jour Shirley va faire la fête à Caillou."
Au-dessous, c'est marqué
date, avec deux points.
I faut remplir l'espace vide, Shirley.

Une parole en l'air
qui s'est incrustée.
On pense beaucoup dans les toilettes.

Le carnet rouge

CLERMONT *(feuilletant son carnet rouge).*
Le 19 juin au matin de l'An 3
des poules sont entrées dans la maison.
Pascale s'est réveillée en retard.
Examens de fin d'année.
Elle a étudié jusqu'à tard.
Pressée
elle a dû rejoindre l'autobus dans le chemin
et laisser la porte entrouverte.
Courir avec un oreiller de plume dans les mains
après des poules folles.

Le 3 octobre de l'An 2.
Entrer le bois de chauffage dans la cave.

COCO.
Les quatre gars
on a reparlé
du genre de fête
qu'on pourrait
lui préparer.

CLERMONT.
Le 23 août de l'An 4.
La fête de Pascale.
On invite ses amis à la maison.
Je prépare le souper de fête.
Tout un festin.
Dehors, le temps est à l'orage.
Je pense en crémant le gâteau
que la première sensation des êtres humains
a dû être la peur.

COCO.
Shirley est pas d'accord.
L'idée est trop folle.
Un pacte à la vie à la mort !
Souviens-toi, Shirley !

CLERMONT.
Le 6 décembre de l'An 2.
Pascale est chez une amie de son école.
Elle reste à coucher.

Le 18 juillet de l'An 4
je reçois un mot de Shirley
à propos de la médaille de cuivre.
Après l'avoir lu
j'ai fait brûler son petit mot dans le poêle.

Un homme à sec

COCO.
A chaque fois qu'on partait en peur, nous cinq
je lançais un cri par en dedans
comme quand on appelle l'orignal
pour faire sortir ma haine.

Après, je criais :
"Gulka ! Attaque."
Avec ses pattes d'élan
je l'entendais courir
dans le sentier de mes veines.
De sa gueule de carcajou
jaillissait un rugissement terrifiant.
Gulka sortait par mes yeux.
I prenait ma place.
Je devenais plus fort, plus grand
une sorte de dieu méchant.
Je devenais Gulka.

Durant la guerre du Désert
on a vu à la T. V. des soldats parler.
I étaient presque de mon âge
I étaient hors d'eux
à se croire invincibles
et moi, assis à rien faire
buvant ma bière froide.

Je voyais Shirley
assise par terre sur le tapis fleuri.
Je pensais à Gulka
en regardant la broue de ma bière.
Sauf grand-père
les autres en savaient rien.

Un animal en moi
ma forêt a brûlé
un homme à sec.
J'ai plus rien.

Ma mère m'a dit :
"Qu'est-ce que tu vas faire de ta vie, Jacques ?
T'as vingt-neuf ans.
Si tes jobs te donnent rien
tu pourrais retourner étudier
t'as fait ton cégep."

"Crisse, m'man
faire des études pour me pogner
encore plus le cul
avec un diplôme de niaisage."

"J'sais pas, fais un voyage
amuse-toi, achète-toi une maison
prends ménage avec une femme.
Fais des p'tits."

"Pas d'travail d'assuré
pas d'femme sûre
pas rien de clair
crisse, m'man
j'reviendrai plus
si tu me parles encore de ça."

"Parlons d'autre chose, c'est ta vie
t'en fais ce que tu veux."

"Pas ce que je veux, ce que je peux."

"Jacques, veux-tu encore un peu de ragoût ?"

"Envoye, m'man. I est tellement bon."

"Au moins, si t'avais un seul petit rêve.
En tout cas."

"M'man, j'te l'ai déjà expliqué.
Les rêves c'est là
pour ceux qui croient en Dieu

peu importe lequel.
Un dieu.
Un rêve pour de l'espoir.
C'est là pour que les gens
s'inventent un paradis.
Nous autres de ma génération,
on essaie de vivre de nous autres.
Sans dieu de nulle part.
Sans job nulle part.

On regarde la vie comme elle est.
Sans l'enjoliver.
On est pas nés dans la bonne période.
Y a jamais de bonnes périodes.
I est bon, ton ragoût, m'man.
Ça, c'est mes petits bonheurs
manger chez ma mère
deux, trois fois par semaine."

Un homme à sec
ma forêt vide
un animal affamé.
Je cherche un rêve
un rêve que je pourrais m'inventer
une fois pour toutes.
Mais je vois jamais rien.
Ma forêt est morte.
Gulka est grand et gros.

La fin des cailloux

PASCALE.
Au mois de mars de l'An 6
Clermont tirait des cailloux
parce que dans la journée
la neige avait tellement fondu
qu'il pouvait se remettre
à lancer des images, des mots.
Il avait détaché les dernières roches
de sa montagne de cailloux.

CLERMONT.
Y a pas longtemps
j'ai rêvé.
Les images sont encore là.
J'ai revu le meurtrier d'Eléonore.

Il était venu ici pour s'excuser
demander son pardon.
Je lui en ai arrangé un, un pardon.
Avec un couteau qui lui rentrait dedans
je sentais la lame qui accrochait ses os.
Un bruit sourd de vengeance.
Je frappais si fort dessus
comme pour planter des clous.
Je clouais un porc sur le mur de l'étable.

Mon père était boucher.
Je savais comment accrocher ce genre de gars là
à un crochet de boucherie.
Un gars sans visage
qui ressemblait à un mauvais rêve.

Tout à coup
j'étais dans la boucherie de mon père.

Il me disait :
"T'as bien fait, mon fils, t'es courageux.
Tu vas t'en sortir"
en me tapant chaleureusement dans le dos.
Dans la chambre froide
j'ai poussé le porc.

Quand je l'ai regardé une dernière fois
ce gars-là avait mon visage.

J'ai eu si peur.

Nos bouches, le matin
sentent l'odeur de nos rêves.

PASCALE.
Il avait éliminé le tueur
et le tueur en lui.
Je pense qu'il s'en voulait aussi
d'avoir poussé ma mère
à travailler à l'extérieur
pour sortir de la maison.

Mon père avait tiré
dans la rivière dégelée
les dernières roches de son passé.

Un bloc de glace sous la dent

COCO.
Un coup pendable.

Au dernier printemps des printemps
les quatre gars, on avait stationné
nos chars pis nos *pick-up* à deux pouces
de la grosse minoune de Caillou
dans le parking de l'épicerie.

D'en haut, de l'appartement de Shirley
on voyait tout.
De la manière qu'on avait placé les chars
ça formait une croix.

Caillou, avec ses sacs de mangeaille dans les bras
avait l'air de sacrer comme un beau diable.
On hurlait de rire en récitant :
"Au nom de Dédé, du fils Coco
et du saint Flagos.
Amen de Grenouille."

Shirley, la Vierge, disait qu'on dérapait.
A riait pas pantoute.
A voulait prendre nos clés.

"Shirley, arrête de t'en faire avec ça
c't'un cave, ce gars-là."

Derrière les cactus de Shirley
on buvait de la bière
en regardant le Caillou patiner
sur la glace du parking de l'épicerie.
On se piquait du bon temps.

C'est le livreur, ti-cul Bigras
qui est allé le reconduire.

"Hein ! Shirley
ça c'était rien qu'un chiot de notre chienne.
Ça va peut-être te décider
à sortir le chien de ta chienne ?"

Le lendemain
on avait placé son char
sur des blocs de glace
les roues sur le toit.
Une chance qu'i a pas fait chaud le jour d'après.

On a ri à se péter les dents au frette !

Une rencontre réussie

CLERMONT.
Shirley est apparue, en mai
au moment où il ne restait plus un seul caillou
sur le terrain.

Quand on ne force plus
qu'on ne lutte plus contre la vie
et qu'on laisse aller les choses
elles se font comme naturellement.

Rien de forcé.

Après sept ans passés sur la terre
à l'An 6 de mon calendrier
Shirley est apparue
s'excuser du coup
que ses *chums* m'avaient fait
au début du printemps.

SHIRLEY.
Je viens t'aider à faire ton jardin.
J'ai déjà travaillé dans une serre.
Je connais ça la terre.
Tu vois ici à côté de tes plants de tomates
i faudrait semer une fleur
pour éloigner les mouches.
Je le sais que t'aimes pas parler
je vais te donner un coup de main
sans jaser. O. K. ?

CLERMONT.
Je l'ai pas renvoyée.
C'était une fille
qui avait du chien.

Elle le savait pas
mais ça faisait deux ans
que je l'avais dans ma tête
peut-être à cause de la médaille de cuivre.
J'imaginais son visage
toujours dans mon dos.

On a fait le jardin en silence.
On plantait les semences.
J'ai mangé mon dîner
elle, le *lunch* qu'elle avait apporté.

SHIRLEY.
C'est comme ça qu'on fait
à pas de louve.

A pas de louve
i est approchable.

CLERMONT.
Les mouches tournent autour de nous
sous le gros arbre derrière la maison
à l'ombre.
En silence.

SHIRLEY.
On a fini le jardin en trois jours.
Sans vraiment rien se dire.
Des phrases banales.
Passe-moi ceci, combien de rangs d'oignons ?
Pas trop mal au dos ?

CLERMONT.
"Reste à souper ce soir.
Te remercier pour le jardin
aussi pour la médaille de cuivre."

SHIRLEY.
Je suis partie à rire.
"Ah ! oui, c'est vrai, la médaille."
Je pensais au cœur coincé sous la roche.

PASCALE.
Je suis heureuse
excitée de voir mon père
avec une autre femme à notre table.

A part la vétérinaire
y avait pas eu de femme dans la maison.

A part moi, bien entendu.

CLERMONT.
Pascale nous a fait parler.
On rit. On mange.
Mais le passé ne vient pas sur la table.

S'adressant à Pascale.

Tu étais là, à me regarder
souvent avec un petit sourire.
Tu voulais que je sois complice avec toi.
Te répondre avec un sourire
tu te serais dit que je tombais en amour.
Je te trouvais têtue d'insister.
Je me disais :
"Je sais qu'elle sait ce que je ressens."

J'étais assis sur les deux pattes de ma chaise.
Nerveux.

SHIRLEY.
Je parle beaucoup plus que lui.
I faut être patiente.
Pascale est sympathique
a l'était déjà
quand a venait au comptoir de prêts.
On parlait des livres qu'on aimait.

CLERMONT.
On avait ouvert une bouteille de vin.
Pascale en avait pris une coupe avec nous.

SHIRLEY.
Je suis revenue deux jours plus tard.
J'avais apporté des fleurs des champs
pour mettre dans la pinte de lait en verre.

CLERMONT.
"Pascale, mêle-toi de tes oignons."

Je l'avais dans la tête.
J'attendais que ça descende au cœur.
Y avait de la place pour une nouvelle personne.
Je le sentais.

"Ben oui, Pascale
ça fait comme toi quand t'as connu François."

PASCALE.
Il trouve qu'elle travaille bien
habile de ses mains.
A la troisième semaine
je crois qu'ils en pouvaient plus
de se donner juste des sourires.
La veille
je les avais vus s'effleurer les lèvres
les yeux fermés.
On aurait dit que tout était important et grave.
Que leur temps devenait éternel.
Je connaissais ça maintenant.

CLERMONT *(s'adressant à Shirley).*
Quand j'étais jeune
mon père était boucher.
Je suis venu au monde
dans une famille de bouchers.

Ma mère avait un frère qui possédait un chalet
dans le bout de Saint-Basile.
On allait passer nos étés là.
J'ai connu ce coin de pays comme ça.

Y avait des fermes.
Je m'étais fait des amis
qui restaient dans de belles grandes fermes.
C'est là que j'allais jouer
dans les tas de foin.
J'adorais ça.

Je me disais :
Plus tard, quand j'vas être grand
j'vas avoir une ferme pis j'vas être boucher.
Un boucher fermier.

En fin de compte
je suis parti m'installer à Montréal
c'est là que j'ai connu Eléonore
et que j'ai eu un enfant avec elle.

On se racontait nos souvenirs.

SHIRLEY.
On se donnait des rendez-vous à chaque lendemain.
Toute sorte de quétaineries d'amoureux.
Partir à bicyclette
dans les sentiers à l'infini
se perdre dans une forêt vierge
sans piste ni trace d'homme.

Vierge
comme pour se lier dans une nouveauté.
Terrain inexploré, inattendu.
Recommencer à neuf.
Vierge.
J'étais avec lui tout entière.
Je le sentais amoureux.
J'étais vierge.

CLERMONT.
Se raconter un tas de choses tout excités.
C'est dangereux tomber en amour.
J'ai eu peur.
Peur de ce qui allait m'arriver.
Peur de ce qui allait arriver à Pascale.
Après, elle est revenue, à tous les jours.
On a avancé beaucoup de choses sur la terre.
Ensemble.

SHIRLEY.
Je suis restée à coucher
presque à tous les soirs

durant cet été-là.
On allait dormir dans l'étable.
Clermont avait déménagé son matelas
sur le tas de foin
pour pas déranger Pascale.
Les débuts sont toujours bruyants.
L'amour nous met à fleur de peau.

CLERMONT.
Je suis heureux
je veux dire, je suis bien.
Plein de choses qui ont changé.
Je te regarde
tes cheveux, tes yeux, ton sexe, tes seins.
Que t'es belle
que tes yeux sont brillants.
Ça se voit que t'es amoureuse.

Regarde mes yeux.
Est-ce que tu vois que je me donne à toi ?

Quand je t'ai vue la première fois
je t'ai pas vue.
Je t'ai pas vue ni la deuxième fois
ni la troisième
ni toutes les fois où je t'ai vue.
Je te voyais pas.
Je voyais personne, tu comprends.
La seule que j'arrivais à voir
c'était ma fille
parce qu'elle avait besoin de moi.
Les autres, je les voyais pas.

Je voyais bien plus les vaches
que je pouvais voir
le monde à deux jambes.
Je sens ton dos chaud sur mon corps.
Quand tu me prends par la peau de mon cœur
quand tu me prends par la peau de mes yeux
quand t'arraches de moi un morceau de peau
que je te donne
je suis bien.

Je me souvenais plus des frissons
que les mains peuvent donner.
J'avais totalement oublié
comment c'était faire l'amour
j'y pensais même plus.

Je pensais que j'avais plus de peau
de cœur, de sexe.
J'avais plus de fesses, plus de pieds.
Mes cheveux, longs ou courts
je les voyais plus.
Je savais plus ce que j'étais.

Je te prends dans mes bras
je te prends.
Que c'est bon de sentir ton corps
ne plus se sentir seul.
Comme si je touchais au soleil.
Tu donnes un nouveau sens
à tout ce que je regarde.

Que t'es belle.
Que t'es belle
quand tu couches sur moi tes mots d'amour.

Que t'es douce
quand tu promènes ta langue sur mon épaule
quand tu couvres avec tes yeux tout mon visage
toutes mes pensées.
Que t'es belle.

Ce que je me sens beau avec toi.

Tu me redonnes tout.
J'ai tout perdu avec le départ d'Eléonore.
Je regagne tout avec toi.

Ce que je me sens beau avec toi.

COCO.
J'ai souvent pensé aller ailleurs.
Des fois, j'avais des crises.
Je m'emportais, les nerfs à vif

sur le bardeau d'une toiture
en plein été, frappé par le soleil.
Mes pieds trépignaient.

Changer d'air, aller loin, par là.
Je faisais mes bagages
je voulais partir.

J'embarquais dans le *pick-up*
je faisais six heures de route en ligne
sans m'arrêter.
Une route pour me sauver ailleurs.

En fait, je tournais en rond.
Je roulais en faisant la tournée des villages
dans Portneuf.
Je roulais dans le vide.

Ma mère me disait :
"C'est de toi que tu te sauves."
Je revenais, tard le soir.
L'été, j'allais coucher dans le cimetière.
L'hiver, dans le motel à la sortie de Cap-Santé.

Y avait souvent dans ce motel-là
l'Etoile de Nuit
des filles de nulle part
pour pas cher.

Les chambres séparées par des feuilles de préfini
laissaient passer le concours de voix d'orgasme.

Une place de lit
où tu bandes plus sur la fille
qui jouit dans l'autre chambre
que sur celle qui te monte.
Le lendemain, j'avançais ma gueule de bois
jusqu'au café.
Pis, j'rentrais chez nous.

CLERMONT.
Un jour, elle m'a dit :
"Je suis prise dans un piège.

Un piège.
Je sais que je suis amoureuse de toi…"
Elle n'a pas fini sa phrase.

SHIRLEY.
J'suis plus heureuse avec ces gars-là
mais il y a quelque chose qui me relie à eux.
Après dix ans
on a des promesses entre nous qui…

CLERMONT.
Je comprenais pas.
Des choses d'elle que je savais pas.
J'ai rien dit.
Le lendemain
quand elle est revenue
elle se comprenait plus.

J'étais dans l'étable.
Elle me parle de preuve
d'une preuve d'amour qu'il faudra
que je lui donne bientôt.
Une preuve d'amour surhumaine.

Je lui ai fait un sourire.
Je cherchais dans ma tête.
Quelle sorte de preuve ?

Pendant que je nettoyais les allées des vaches
elle me dit à l'oreille :

"Est-ce que tu crois que les gens qui meurent
se réincarnent un jour ?"

SHIRLEY.
Si je partais, je reviendrais.
Promets-moi que tu me reprendrais.
Qu'on continuerait à vivre ensemble.

CLERMONT.
Je relève ma tête pour la regarder.
Etonné, je lui dis un oui sec.

Une vache pisse à mes pieds.
Les jambes nues de Shirley
sont arrosées aussi.
Avec un torchon, elle s'essuie.

Rire franc de Shirley accompagné d'un rire gêné de Clermont.

SHIRLEY.
J'ai revu les p'tits gars hier.
I aimeraient ben ça faire ta connaissance.

CLERMONT.
Des têtes brûlées, ces gars-là.

Un temps.

O. K. tu les inviteras dimanche
à venir prendre une bière.
Pas dix mille, hein !

SHIRLEY.
Tu vas voir
c'est des bons gars dans le fond.
Des fois i font les nonos
mais i sont pas banals.

CLERMONT.
Ils sont venus.
Coco a sorti sa guitare.
On a chanté
bu pas mal aussi.
Plus qu'une bière en tout cas.
Ils sont revenus
tous les samedis après-midi
ça durait jusqu'à l'aube.
De juillet jusqu'à la mi-août.

Je lui avais demandé :
"Ne dis rien de moi aux autres."
Les gars étaient aimables.
En fin de compte, on a parlé politique
on a même parlé philo.

PASCALE.
Son mal de dos disparaissait de jour en jour
depuis qu'il connaissait Shirley.
Ça transforme un territoire
l'amour.

Tellement que les gars avaient proposé
qu'ils se marient ensemble.
Mariage ou pas
la gang avait décidé
que Caillou venait de mettre un terme
à sa dure vie de roche
et qu'ils devaient fêter l'événement.
On allait enterrer sa vie de garçon
comme on dit.

COCO *(criant)*.
Shirley !
J'm'en crisse de ton amourachage.

SHIRLEY.
Laisse-moi tranquille.

COCO.
Tu deviens pareille aux autres.
L'amour ça te rend normale !
Shirley, tu perds ta parole.
Des paroles en l'air.

Tu te souviens pas
on était sur le bord de la rivière.
Un été.
A peu près à nos vingt ans.
Une expédition en canot.
On parlait de tout ce qu'on trouvait fourbe
de quand ça puait la parole pourrie.
Les gens ont pas de parole
pas de parole.

SHIRLEY.
T'as pas remarqué que j'ai changé
que je suis moins avec vous autres

que je suis en train de refaire ma vie
pis que ta parole
tu peux te la mettre
où je pense.

COCO.
Shirley, écoute
nous on s'était juré d'avoir une seule parole.
Une seule, t'entends.
Des mots, des mots dans une phrase
qui sont collés ensemble d'un seul bloc
comme les doigts de la main.
Et toi, tu tiendrais plus ta parole
parce que t'as donné ta langue
pis ton cul à un Caillou.

SHIRLEY.
J'en trouve plus de raison
de la tenir, ma parole.

COCO.
T'as toutes les raisons du monde.
T'es encore avec nous autres.
Ça se brise pas de même une gang
pis un serment.

SHIRLEY.
Fuck la gang.

COCO.
Tu nous trahis
depuis que t'as un caillou dans ta tête.

SHIRLEY.
Laisse faire tes histoires de trahison.
J'veux la paix.
La paix, tu m'entends.
La paix.

COCO.
Brise pas la gang
parce que c'est moi qui vas te donner
un chien de ma chienne, t'entends.

SHIRLEY.
J'veux la paix.

COCO.
Shirley, non, crisse
tu vas la tenir ta parole.

Sauve-toi pas, Shirley.

J'vas te l'arranger ta parole, moi.

Un soir, j'vas inviter la Pascale de Caillou.

SHIRLEY.
Fais-le
tu as ta vie privée.
J'ai la mienne.

COCO.
Pis, j'vas l'attacher dans mon lit
avec des belles p'tites cordes d'amour
comme pour la vache à Maillot.
A pourra plus bouger.
Après, j'vas lui tatouer
sur son p'tit sein neuf

"Caillou".

SHIRLEY.
Maudite gueule de chien sale.

La caravane infernale

CLERMONT.
On m'a fêté.
A l'ancienne.
Le 11 août.
Ben colon.
On avait bu.

Les gars et d'autres connaissances sont venus.
L'an dernier, à pareille date
le fond de l'air avait déjà refroidi.
Là, on était en pleine canicule
à faire tourner un gros méchoui.

La foire sur le terrain chez nous.
Shirley et moi
on s'est fait taquiner tout l'après-midi.
Après avoir mangé l'agneau
on m'a attrapé, attaché à une chaise.
Torse nu.

On m'a cassé des œufs sur la tête.
La mélasse, la farine.
De la bière versée
des feuilles de laurier
des plumes de poule
des boîtes de conserve
fèves au lard, ragoût.
J'étais couvert de cochonneries.

SHIRLEY.
Je lui faisais des sourires en criant :
"Je t'aime."

Les gars riaient comme des fous.
A un moment
j'ai cru qu'ils étaient agressifs.
Deux gars se sont accrochés
"Pas de niaisage, les gars.
Pis qu'on en finisse au plus crisse."

Rires.

PASCALE.
Je me mêlais aux autres.
Coco me tournait autour.
Je voulais plus rien savoir de lui.
Je l'aime pas, ce gars-là.

La coutume veut qu'on fasse
le tour des rangs et des rues de la ville.
Ils avaient réservé l'hôtel Princesse
pour le party du soir.

CLERMONT.
Attaché sur ma chaise
dans une boîte de *pick-up*
j'allais faire les frais de la mascarade.
On part.

Pascale s'est assise à l'avant
pour me voir dans la boîte.
Coco conduit son *pick-up* rouge.
Moi dehors
je pique un clin d'œil à Pascale.

SHIRLEY.
Les p'tits gars m'avaient dit
de prendre la tête du convoi
avec la minoune de Flagos.
Un convoi grotesque.

CLERMONT.
Je riais : "J'ai envie de pisser."

COCO.
"Pisse dans tes culottes, Caillou."

On décolle.
On prend la route vers le nord du vallon
pour faire le chemin de gravelle
autour de la ville.
Les chemins communiquent entre eux.
Je mets ma main sur la cuisse de Pascale.

CLERMONT.
J'avais de la difficulté à respirer.
J'étais le dernier sur la piste du cirque.
La caravane de chameaux me refilait sa boucane.
Je me sentais étouffer.
Je trouvais qu'on roulait trop vite.
Des casse-gueule.
Pourquoi Shirley va si vite ?

PASCALE.
Dans un détour, une voiture s'est renversée.
En feu.
Un corps au volant brûle.

COCO.
On arrive les derniers sur les lieux.
Je m'avance près du groupe de gars debout.
Grenouille vient de passer en fou.
I remonte vers la ville.

CLERMONT.
Je ne suis plus ici
ne me cherchez plus.
Je ne suis plus ici.

Je le répétais dans ma tête.

Je ne suis plus ici
ne me cherchez plus.

La langue de la rage

PASCALE.
Coco voulait pas qu'on regarde.
Shirley était morte
brûlée vive.
Mon père est redevenu fou.
Ses yeux fixaient le vide
comme au-delà de la colère.
Vidés.

En arrivant à la maison
je l'ai aidé à enlever ses vêtements souillés.
Il ressemblait à un bébé paralysé
dans un bain chaud.

Quand on est arrivés ici
Clermont ne dormait pas la nuit.
Il se levait pour lire.
Un rendez-vous chez un médecin à Québec
pour une petite quantité de somnifères.
Il en restait.

Pendant deux nuits
il a dormi profondément.
Le jour sans manger
sans parler.

Les quatre gars sont venus
chacun à tour de rôle.
Ils ont presque pas parlé.
Des petites phrases :
"Shirley était extraordinaire
... une femme de même.

Clermont, on sait pas
comment tu vas t'en sortir.
On sera toujours là si t'as besoin.
On pense qu'a t'aimait
comme a l'a jamais aimé personne."

Clermont bougeait pas.
Absent.

Deux jours morts.
Deux jours à tuer le temps
avant l'enterrement.

[handwritten annotation: dramatique → Comment je cite ça ?]

Le troisième jour
je lui demande :
"Clermont, veux-tu qu'on parte
rejoindre les autres pour les funérailles ?"

Il était midi
Coco devait venir nous chercher à dix heures
pour passer les derniers moments ensemble
avant le service de l'après-midi.
On avait pas eu de ses nouvelles.
J'ai téléphoné, pas de réponse.
J'ose pas partir, laisser Clermont
dans cet état-là.

Elle crie.

"Câlice de crisse de tabarnaque de câlice.
C'est toujours les filles qui ramassent les gars.
Secoue-toi, crisse de larve.
A moi, tu me demandes pas comment je file.
Lève-toi, Clermont, on va aller en ville.
Je suis inquiète de ce qui se passe."

CLERMONT.
"Je veux pas y aller."

PASCALE.
Perdre sa femme une deuxième fois
on meurt pour de vrai.

J'avais peur de Clermont.
Il était sur le 220 volts.

"Ben, si tu veux pas venir
j'y vais toute seule."

CLERMONT.
J'ai eu peur d'être seul.
Je me suis mis à bouder
comme un enfant gâté.

Je suis parti la rejoindre dans la voiture.
Elle conduisait.
Je me laissais transporter.
Mes mains entre les cuisses
pour les réchauffer.
Je grelottais même s'il faisait une chaleur
à faire fondre l'asphalte.

PASCALE.
Aujourd'hui les obsèques.

J'avais la gorge serrée.
Pourquoi la vie est pas plus simple ?
On était à la mi-août
je commençais l'école bientôt.
Quelle sorte d'année on va passer ?

Je conduis.

Pour aller en ville
faut passer sur le pont vert
qui chevauche la Rivière-aux-pierres.
Juste à côté du cimetière.
Clermont avait vu avant moi.

CLERMONT.
Arrête-toi !

PASCALE.
Quoi ?

CLERMONT.
Arrête-toi !

PASCALE.
J'arrête la voiture sur le bord du chemin.
Je ne sais pas ce qui s'est passé dans sa tête
mais il a explosé.

Bien à la vue
Flagos, Coco, Dédé, Grenouille
prenaient une bière dans le cimetière.
Ils attendaient qu'on passe en voiture.
Assise dans l'herbe verte
Shirley attendait aussi.

Mon père a explosé
comme une bouteille sous pression
qu'on brasse pis qu'on jette au feu.

"Papa, arrête, viens-t'en, on s'en va"
que je lui criais en pleurant.
"Une écœuranterie, une écœuranterie."

CLERMONT.
Je leur garrochais des roches du chemin.
Je voulais que les fantômes disparaissent.
J'avais peur de ce que je voyais.

Les gars me lançaient leurs bouteilles de bière vides.
On s'atteignait pas.
On se garrochait des mots.
J'entendais rien.
Shirley essayait de se sauver.
Coco la retenait.
Elle s'en venait vers moi.

Un courant électrique
m'a coupé la tête en deux.

On est repartis chez nous.

PASCALE.
Sur le bord du garde-fou
sa bouche écumait parce qu'il criait
des mots dans une autre langue
sa langue de rage.

J'ai vu la maudite vache
qui voulait se déprendre de Coco.
Ils se gueulaient dans le nez.
A mon père, je lui criais de partir.
"C'est une crisse de salope."

SHIRLEY.
Je hurlais à Coco de me laisser
que j'avais tenu ma parole
que le jeu se terminait là
que c'était pour toujours
que ma vie recommençait.
Je criais, il entendait pas.
Je lui ai donné un coup de pied
à la bonne place.
Il a crampé là.

COCO *(criant)*.
Shirley ! Si tu pars
je le fais une fois pour toutes
j'vas le sacrer, mon camp.

PASCALE.
Quand Clermont a vu venir Shirley vers nous.

CLERMONT.
"Monte dans 'voiture, on retourne chez nous."

PASCALE.
Demi-tour sur la route, devant le pont vert.
J'ai vu Shirley dans le rétroviseur.
Elle courait dans la poussière.

Pourquoi la vie est pas plus simple ?

COCO.
Shirley !
Shirley !

Maman !
Maman !

CLERMONT.
J'ai peur de moi.
J'ai peur.

Il y a sept ans, j'arrivais avec ma fille
ici, ici, ici
et c'est ici que tout bascule.

Je dis comme toi, Shirley.
Je dis comme toi, toi, toi
si on demande pas à une femme
pourquoi elle aime un gars plus qu'un autre
on demande pas plus à un homme
pourquoi il met le feu à sa maison
pourquoi il détruit tout autour
quand il se fait démolir.
C'est comme ça.
J'ai peur
peur.
Je
ne
veux
plus
rien
voir.
Rien
voir.

PASCALE.
Avec un bidon d'essence
il a mis le feu à la véranda
en arrière de la maison.
Je suis montée dans ma chambre.

CLERMONT.
Rien
voir.

COCO.
Shirley !

PASCALE.
J'ai jeté par la fenêtre
toutes mes affaires personnelles
je criais, je braillais.

Clermont est venu me chercher.
Il m'a sortie par les jambes.
Je hurlais, je savais plus parler.
J'étais sans mot.
J'aurais voulu lui dire
de sortir les choses importantes au moins.

COCO.
Shirley !

PASCALE.
Quand Shirley est arrivée exténuée
la cuisine d'été flambait à pleine fournée.
Un mur noir bloquait le ciel bleu.
C'est M. Plamondon du rang des Corneilles
qui a averti les pompiers.
C'était trop tard
la maison allait toute y passer.

COCO.
Shirley !

Avec mon fusil de chasse
j'ai fait comme ça.
Tirer une balle dans le sol
pour y faire un trou.
Comme ça vers le ciel
pour y percer un trou
au cas où j'aurais une âme.

J'ai fait comme ça
vers la tête
pour m'aérer le coco.

Flagos était là, i me criait de loin
parce qu'i avait peur que je le vise aussi.

"Coco, Coco
la vie vaut pas assez la peine
que tu meures pour elle.
On est des amis,
on va se tenir.

IP 2

Métaphore

114

La planète est en train de vivre
un mauvais quart d'heure.
Tiens bon, Coco
les temps nouveaux arrivent.
C'est toujours comme ça dans les fins de siècle."

Maman !

Coco se tire une balle dans la tête.

PASCALE.
Shirley arrive.
Je la vois venir toute floue dans mes yeux.
Je pleure parce que la maison brûle.

Clermont plante sa figure dans la terre
autour de l'arbre.
Un arbre que les deux amoureux
avaient placé là en juin.
Shirley hululait comme une chouette déplumée
à se traîner à quatre pattes sur l'herbe
pour se faire pardonner.

Je lui crie des mots :
"Une maudite vache, rien qu'une vache !
C'est ça que tu voulais, le tuer."

Mon père arrache le petit arbre.
Il le fouette contre le sol
avec ses mains enragées.

La chouette déplumée dit à Clermont :
"Clermont, Clermont écoute, écoute.
Je voulais pas le faire.
A cause
à cause d'une parole à tenir
dans un seul bloc.
A la vie, à la mort.
C'est maintenant que tu dois me la donner
la preuve d'amour.
Je suis à toi pour le reste de ma vie.
Prends-moi, prends-moi."

La chaleur intense, insupportable
fait se coucher mon père par terre.
Il place son avant-bras sur ses yeux.
Il est essoufflé, étourdi, sa bouche bave.
Il délire, il s'arrête.

Elle se rapproche de sa tête
à quatre pattes
elle tient ses cheveux derrière ses oreilles.
Elle lui parle
doucement
comme dans un livre ouvert.
Moi
j'entends que le crépitement de la maison
la maison rouge et noir.

SHIRLEY.
Pars pas de moi
je te ferai revivre la terre.
On fera des choses que personne fait.
Je vais me coucher sur le sol
je vais parler à la terre
pour que les arbres repoussent en une nuit.
Demain, on les coupera
on en fera les planches de notre maison.
Je ferai vivre une forêt derrière notre maison.

PASCALE.
Mon père ne se relève pas.

SHIRLEY.
Caillou
Caillou, sauve-toi pas de moi.
Arrête-toi
je veux te dire
crier s'il le faut
pars pas, mon amour.
Pars pas.

PASCALE.
Mon père ne se relève pas.

SHIRLEY.
Je te redonnerai une langue.
On fera des choses que personne fait.
Le soir, on fera monter la lune avec un soufflet.
Au matin, on fera lever le soleil avec des poulies
qu'on accrochera aux arbres de notre forêt.
On tirera fort pour lever le soleil.
Je te ferai sortir des enfants de mon ventre.
On les élèvera dans une échelle de bois.

PASCALE.
Mon père ne se relève pas.

SHIRLEY.
Pars pas, Caillou
ailleurs tu vas te perdre.
Je te veux.

Si tu pars
t'auras jamais ça de personne.
Je te connais, tu vas te perdre.
On bâtira une maison
on dormira dans un lit
on mangera à une table.

Je te prends dans mes bras.
Laisse-toi faire.
Laisse-toi faire.
Je suis libre maintenant.
C'est fini.

PASCALE.
Mon père ne se relèvera pas.

Silence.

J'ai dix-huit ans maintenant.
Je reviens voir les décombres de la maison.
Tout s'est passé si vite
si vite.

Il y a quelques semaines
mon père était là-bas
couché sur la pelouse verte.

117

Il venait de mettre le feu
à sa deuxième peau.

C'est un métaphore pour dire que c'était une le chance dans sa vie.

Il ne se relèvera plus.
Une bouteille en mille éclats.

Il faisait si chaud.
Les pompiers habillés en jaune
le camion rouge feu.
Je suis allée retrouver
Shirley et Clermont.
Là, j'ai perdu connaissance.

J'ai vu s'élever de leurs deux corps
leurs cœurs qui venaient au-dessus de mon visage.
Tout d'un coup
le cœur de mon père
s'est mis à tourner sur lui-même
comme étourdi, perdu.
Un cœur perdant le nord.
Celui de Shirley s'agitait autour
pour le consoler.

Puis, je revois les cœurs
redescendre dans leurs corps.

Puis, le cœur d'Eléonore est apparu
"Maman ! Maman !
Qu'est-ce que je vais devenir ?
Console-moi
console-moi."

Elle m'a parlé en prenant ma voix :
"Pascale, un jour tu te sentiras forte.
Tu iras dans un champ
tu arracheras le ciel
le traîneras dans la rivière.
Tu iras ensuite aux montagnes
les jetteras dans la boue.
Ensuite
tu déchireras la terre avec tes dents.

Epuisée de fatigue
couchée dans le rien
tu feras ton nid.
Tranquille.
Tranquille."

Là, Shirley pleurait
en m'essuyant le visage avec ses mains.

Mon père demeurera perdu en lui.

Il ne s'est jamais relevé.
Perdu en lui, absent du monde.

Tout s'est passé si vite.

J'ai dix-huit ans maintenant.
Je pars ailleurs.

Un faire-part

SHIRLEY.
Je suis entrée au salon mortuaire
pour aller parler à Coco.
Tout le monde chuchotait dans leurs larmes.
J'ai crié :
"Jacques !"
Un silence de marbre.

Devant la tombe, au-dessus de ma tête
au bout de mes bras, comme un volcan
je tenais une grosse roche.

"Jacques ! Jamais, jamais
tu m'entends, jamais
j'arrêterai jamais de vivre.

A la face du monde
je deviendrai une roche
une roche qui se marie avec Caillou.
J'vas continuer de parler à la terre
de faire pousser des fleurs."

Je mourrai pas, Jacques !

J'ai laissé tomber la roche.

Danser avec la vie

COCO *(avec les photos en main)*.
Ces photos-là, je les ai aimées.
Shirley, Flagos, Grenouille et Dédé.

Des visages sur papier
pour un corps de poussière.
Tu es cendres et tu retourneras en poussière.

Quand mes amis ont jeté la première pelletée
i pleuraient.
Moi, j'avais un sourire en coin.
J'attendais rien d'autre de la vie
que de partir avec des amis couchés
dans une pochette de ma veste en cuir.

Ce que j'aurais aimé
ç'aurait été d'être un voyageur invisible.
Avoir ni soif, ni faim
ni fatigue, ni peur.
Regarder passer les choses
sans vraiment y prendre part.
Comme quand je regardais la neige fondre.

Je savais qu'en partant
les gars allaient réagir.
Faire de quoi de leur peau.
I vont changer de ville.
I vont se marier.
I vont se faire une p'tite vie
se faire accroire que c'est beau la vie.

C'est quand même ça qui pousse le monde à vivre
jusqu'à mourir de leur belle mort.

Gulka m'a mordu le cerveau.
Je me suis éteint dans le sang
que ma mère m'avait donné
pour que je vive dans le bonheur.

Je vois ma mère pleurer
en me mettant sa photo de mariage
entre les mains.

On m'a enterré proche de la bonne femme Thibodeau.

(Chuchotant.)
"Heille ! Pascale ! Danse !
Danse, danse avec la vie !"

FIN.

Saguenay,
1991, 1992

GLOSSAIRE

ACHALER, importuner, agacer.
BÉCOSSES (angl. *Back house*), toilettes extérieures, rudimentaires.
BOBETTES, petites culottes.
BOUCANE, nuage dense de poussière.
CÂLICE, juron.
CARCAJOU, glouton.
CARDEX, système de fiches imbriquées à nom visible.
CÉGEP, collège d'enseignement général et professionnel
CHUM, ami, copain.
CRISSE, juron.
CROTTE, malheur, imprévu.
ÉCORNIFLEUX, curieux.
ÉTRIVER, taquiner.
FRETTE, froid.
FUCKÉE, perdue.
GARROCHER, lancer avec violence.
G.R.C., Gendarmerie royale de Canada.
HEILLE, hé (interjection).
HOSTIE, juron.
MINOUNE, vieille voiture usée.
MOULÉE, grain moulu destiné aux animaux.
MOUMOUNE, personne efféminée.
NIAISAGE, imbécillité, perte de temps.
NONOS, clowns.
PANTOUTE, pas du tout.
PARTIR (SE), fonder, commencer
POGNÉE, étonnée.
POGNER, prendre.
QUÉTAINE, ringard.
RAMANCHEUSE, rebouteuse.

RANG, chemin de front qui sépare des lopins de terre dans une municipalité rurale.
SKI-DOO, motoneige.
SOLAGE, fondations d'un édifice.
TROLLER, flirter.
VIRAILLER, aller çà et là, musarder.

LA VOIX SPECTRALE

Une double mort féminine et une double trahison articulent ce drame parlé qui s'élève en volutes des ruines d'une maison incendiée, point de chute d'une mémoire douloureuse de l'échec amoureux. Le meurtre insoutenable de la première femme de Clermont a pour pendant la mort simulée de sa nouvelle amante, Shirley, dont le tatouage est comme un mauvais présage de la sauvagerie généralisée qui affecte tous les êtres dans cette société disloquée. Eternel recommencement de la violence faite (aux) femme(s) ? Comme si ce microcosme-là n'en finissait plus de sacrifier l'Autre et, avec un acharnement désespéré, de l'arracher à la vie. Le suicide de Coco, une fois accomplies ses basses œuvres, n'est-il pas l'ultime acte de chantage pour dire sa souffrance de (dé)possédé ?

Gulka, bête haineuse si familière, ne lâche pas sa proie, car l'animalité n'est jamais que la face cachée des prétentions humanistes. Par une ironie féroce, l'animal rattrape Shirley, cette farouche Amazone qui croit dominer la Nature et qui se prend au jeu des noces barbares. Elle trahit d'abord Coco en allant vers Clermont, puis elle trahit ce dernier en cédant aux menaces ignobles du premier... Coco et Caillou sont des rivaux sans doute, mais pour ainsi dire malgré eux, car ils sont tous deux cassés par la vie et ils réclament tous deux une preuve d'amour incommensurable. Quand Shirley abandonne l'un pour sauver l'autre, rien – pas même la ferveur régénératrice de Pascale – ne semble pouvoir empêcher la catastrophe. Mais ne cherchons pas de coupable, là où il n'y a pas d'innocence possible.

Ce sont ainsi des revenants qui s'adressent à nous, c'est-à-dire des *acteurs* – nous sommes au théâtre, face à face avec nos semblables – qui ne joueront pas tant des "personnages" qu'ils ne prêteront leurs corps et leurs voix ici et maintenant à un quatuor de raconteurs – Jean-Pierre Sarrazac dirait des "gisants debout". Ces êtres anéantis, défaits, et qui réapparaissent comme au seuil de la vie et de la mort, entre passé et présent, sont pour ainsi dire insituables, sauf dans l'entrecroisement de leurs récits, hantés par les paroles d'autrui. Ces quatre formes spectrales vont se relayer pour "dire-dire" une histoire simple et tourmentée. Le chant des morts et des survivants (interchangeables, qui sait ?) a la beauté d'un appel qui résonne longtemps après le chuchotement d'outre-tombe de Coco qui clôture le texte : "Heille ! Pascale ! Danse ! / Danse, danse avec la vie !" – tel un écho inversé de la danse macabre du début.

Le texte de Daniel Danis, publié pour la première fois en 1992, s'est imposé instantanément et il a été, depuis lors, représenté souvent au Québec, en France et, en traduction, dans divers pays, parce que cette écriture souverainement *corporelle* explore une poétique de la voix, d'où émerge une vision ensorcelante de nos vies mutilées, imparfaites et orgueilleuses. Certes le tragique n'en est pas absent, mais il n'y a pas de dieu ni de non-dieu pour y transcender l'existence humaine, trop humaine. *Cendres de cailloux* appartient à cette espèce, rare, de textes de théâtre qui affrontent le sens et le non-sens de nos actes, en poussant à bout le paradoxe de leur inéluctable solidarité. La culture de mort elle-même, qui fait l'ordinaire de l'époque, n'aura jamais été si terriblement exposée. Sans consolation, mais non plus sans espérance.

GILBERT DAVID
Montréal, le 3 avril 2000

Gilbert David enseigne le théâtre au département d'études françaises de l'université de Montréal.

Il a publié de nombreux articles dans *Jeu, L'Annuaire théâtral, Théâtre / Public* et *Etudes théâtrales*.

Ouvrage réalisé
par les Ateliers graphiques Actes Sud.
Achevé d'imprimer
en septembre 2017
sur les presses
de Marquis Imprimeur
pour le compte de
Leméac Éditeur
Montréal

N° d'éditeur : 3752
Dépôt légal
1re édition : juin 1992
2e édition : mai 2000
3e édition : mars 2003
(ÉD. 03 / IMP. 08)